设计思维的
教育力量

刘辉　周永国　黄婕　周晔　著

上海交通大学出版社

SHANGHAI JIAO TONG UNIVERSITY PRESS

内容提要

　　设计思维是一种创新思维方式。设计思维在教学中的应用，使"以学定教"成为可能，打破了传统的分科课程一统天下的局面，使综合性的项目化学习课程有了大显身手的空间。本书共六章。第一章介绍了设计思维发展史，设计思维的定义、流程、特征和应用等。第二章介绍了设计思维的理论基础，包括建构主义学习理论、杜威的"从做中学"教育理论等。第三章阐释了设计思维与学生核心素养的培育。第四章介绍了设计思维中常用的工具。第五章介绍了设计思维工作坊构建的常规步骤、议程和一些辅助的思维游戏。第六章介绍了设计思维在课堂教学中的应用。本书适合中小学探究型课程、跨学科课程的任课教师参考使用，也可供普通读者阅读参考。

图书在版编目（CIP）数据

设计思维的教育力量 / 刘辉等著 . -- 上海：上海
交通大学出版社，2024.6（2025.7重印）-- ISBN 978-7-313-31572-4

Ⅰ. G633.955.3

中国国家版本馆CIP数据核字第2024P9K884号

设计思维的教育力量
SHEJI SIWEI DE JIAOYU LILIANG

著　　者：	刘　辉　周永国　黄　婕　周　晔			
出版发行：	上海交通大学出版社		地　　址：	上海市番禺路951号
邮政编码：	200030		电　　话：	021-64071208
印　　制：	上海新艺印刷有限公司		经　　销：	全国新华书店
开　　本：	880mm×1230mm　1/32		印　　张：	6.25
字　　数：	129千字			
版　　次：	2024年6月第1版		印　　次：	2025年7月第2次印刷
书　　号：	ISBN 978-7-313-31572-4			
定　　价：	49.80元			

序

目前，校园内的课堂教学普遍是以教师主动讲授及学生被动学习的形式开展的。然而，这种被动式教育并不利于培养学生的想象力、创造力及创新力。因此，如何有效改变现有课堂教学的模式并提高学生的学习主动性，已经成为教育工作者密切关注的一个问题。

《设计思维的教育力量》凝结了作者多年来在课堂教学创新实践工作中的心得及经验，致力于用设计思维改变现有课堂教学的模式。此书具有以下几个特点：

一是理论阐述清晰。

此书首先创造性地给出了一个设计思维的全新定义，中心思想可以概括为"移情和迭代"及"创造性探索和挑战性解决方案"。其次，作者提出了设计思维在教育中的使命，强调了从学生的需求出发、以学生为本的思想理念。此外，此书通过介绍对设计思维影响较大的建构主义学习理论和杜威的"在做中学"教育理论，使读者能明确设计思维理论与其他理论的区别及联系。

二是流程介绍完整。

此书基于 d. school 的理念，对设计思维包含的同理心、定义、创想、原型及测试五个流程进行了详细的介绍，对每一项流程具体的概念及实施方法都做了完整的讲解，并辅以案例进行分析，从而便于读者深入地认识及理解各项流程。

三是工具汇总全面。

此书将与设计思维各环节密切匹配的常用工具进行了汇总，详细介绍了各个工具的使用场景及操作要点，便于从事创新教学实践的老师在实践中开展具体工作，并取得成效和进步。

四是实例丰富易用。

此书也详细介绍了"设计思维工作坊"的概念及具体操作流程，并将作者近年来开展的设计思维工作坊课程及教学课例进行了全面的分享，便于读者在此基础上进行修改、运用及完善。

此书内容丰富、条理清晰、可读性强，是一本难得的创新教学方面的佳作。此书既可以作为研究设计思维理论的参考书，也可以作为教师开展课堂教学创新实践的指导书。

最后，希望设计思维能够逐步地改变现有课堂教学的方式，使更多同学参与到主动学习中来！也希望我们伟大祖国的教育事业拥有美好的明天！

金哲岩

2024 年 3 月 26 日于同济大学

目　录

引言 ……………………………………………………………… 1

第一章　设计思维方法论导引 ……………………………… 5

　　第一节　设计思维概览 …………………………………… 5

　　第二节　设计思维的定义 ………………………………… 12

　　第三节　设计思维的流程解读 …………………………… 14

第二章　设计思维的理论基础 ……………………………… 73

　　第一节　设计思维与建构主义学习理论 ………………… 73

　　第二节　设计思维与杜威的"从做中学"教育理论 …… 91

第三章　设计思维与核心素养 ……………………………… 98

　　第一节　核心素养概览 …………………………………… 98

　　第二节　设计思维促进学生核心素养发展 …………… 101

第四章 设计思维常用工具汇总 ·················108

工具一 同理心地图（移情地图）·········108

工具二 "P-A-E-I-O-U 观察法"·········111

工具三 5W1H 分析工具 ·················114

工具四 SWOT 分析法 ·················116

工具五 思维导图法 ·····················119

工具六 "635" 头脑风暴法 ·············122

工具七 圆点投票 ·······················125

工具八 测试反馈表 ·····················127

第五章 设计思维工作坊精要 ·············130

第一节 设计思维工作坊概述·············130

第二节 设计思维工作坊的建构·············133

第三节 设计思维工作坊的常规实施步骤 ···136

第四节 设计思维工作坊的议程安排·········138

第五节 设计思维工作坊的思维游戏·········144

第六章 设计思维工作坊的课程设计及教学实施案例 ·······153

第一节 设计思维工作坊课程设计与开发·········153

第二节 设计思维工作坊课程教学课例·········170

主要参考文献 ·····················189

后记 ···························191

引　言

　　近年来，许多有识之士曾这样调侃："如果孔子穿越到今天，拿起粉笔，走上讲台照样能讲课，可能比许多教授讲得还要好。"以此来指出我国 2 000 多年来在学校、教室、课堂和教学等方面没有发生根本性的改变。如此评价我国当下的教育教学现状虽然有些偏颇，但仔细想来，也是有些道理的。17 世纪捷克教育家夸美纽斯提出班级授课制后，教育家杜威曾批评"教师中心、教材中心、课堂中心"这一教学模式，可数百年来，"三个中心"仍然是学校教育的主导模式。

　　在过去十余年里，面对信息技术和智能科技汹涌澎湃的浪潮，全球各个领域都发生了颠覆性变革。作为老师的我们应该认真思考：现有的学校教育真的能帮助我们的学生应对时代的变化吗？我们的教育真的是在为学生的未来做准备吗？为了寻找答案，从2010 年开始，我们不断进行探索和尝试：基础型课程的校本化实施、研究型课程、校本课程、拓展型课程和 STEM 课程……实践得出的结论是：有些课程因缺乏深度设计，在实施过程中完全沦为学生的活动课；有的课程由于老师缺乏跨学科素养，使得教学效果大打折扣；有的课程仍以传统接受式教学为主，使得特色课程失去了对学生的吸引力……总之，当下学生在校园中的学习，大多不是"学习素养视角下的学习"[1]。

世界上从来不缺乏有教育理想的人，而缺乏真正脚踏实地去做，勇敢地把创新举措落实到教育每个环节中的实践者。面向未来的教育，应该摒弃线性的、以应试为目的的思维方式，采用颠覆性思维和创新方法来解决教育教学中的短板和痛点问题。这应该成为当下教育领域及社会有识之士的共识。

我在 2016 年的《上海教育》（环球教育时讯）中首次接触到了"设计思维"这一理念，受益匪浅。经过半年多的设计思维理论学习的滋养，在头脑中逐步形成了关于改进课堂教学的蓝图。2017 年 9 月，我开始在高一研究型课程教学中引入设计思维，在探索中尝试把设计思维与研究型课程进行整合。经过半年的探索和实践，有关"融合设计思维理念的高中研究型课程创新设计"的研究逐步浮出水面，经过几年的实践，课堂教学生态发生了较为明显的改变。

设计思维是以学习者为中心，代替传统的以教师为中心，让学生成为学习活动的主体；设计思维使"以学定教"成为可能。设计思维使教师"教什么，怎么教，学生就学什么"的被动式、工业化教学模式成了过去式，取而代之的是"教师怎么教，学生怎么学，完全取决于学生的需求"；设计思维打破了传

---

[1] 关于"学习素养视角下的学习"，请参考：夏雪梅. 项目化学习设计：学习素养视角下的国际与本土实践［M］. 北京：教育科学出版社，2021.

统分科课程一统天下的局面，使综合性的项目化学习课程有了大显身手的空间。"融合设计思维理念的高中研究型课程创新设计"与传统的分科教育有着完全不同的理念和方法，具有全新的课程面貌。

我初步尝试着把设计思维比喻为给中学师生们准备的一套菜谱，菜谱会告诉你烧菜的步骤、烧制的时间、如何配菜等。

虽然因个人厨艺的差异，烧出来的菜可能差别挺大，但只要你能够熟读本菜谱，仔细琢磨，用心体验，勇敢实践探索，一定能做出"色香味"俱佳的可口"菜肴"。

本书第一章为"设计思维方法论导引"，较为系统地介绍了设计思维发展史、设计思维的定义、流程、特征和应用等有关设计思维的基础理论知识。对于单纯做设计思维工作坊培训的老师（教练）而言，融会贯通地熟练掌握第一章的内容就可以进行一期质量较高的通识性设计思维工作坊的培训。

如果想把工作坊的培训做得更专业一点，第二章较为系统地介绍了"设计思维的理论基础"；第三章较为深入地阐释了"设计思维与学生核心素养的培育"。这两章的加持定能使你的工作坊培训有更深厚的文化内涵和学术品位，使你的培训更能助力当下的"双新"课改。

第四章"设计思维常用工具汇总"，就像烧菜时用到的工具和调味料一样，缺少了不仅难以做出可口的饭菜，就是勉强做出来了也总觉得有些粗糙且食之无味，正所谓"工欲善其事，必先利其器"。第五章"设计思维工作坊精要"，主要介绍了设计思维工作坊构建的常规步骤、议程和一些辅助的思维游戏，这部分如果能够熟练掌握并灵活运用，可以大幅度提升设计思维工作坊的颜值与品质。

第六章"设计思维工作坊的课程设计及教学实施案例"，主要介绍设计思维在教育中的应用，如果用菜谱来比喻的话就是"操作版"。这部分主要是从教学应用视角为学科教师们应用设计思维理念改变自己的课堂教学提供可行的路径和范例。

本书这六章的关系可以概括为：第一章是设计思维实践的基础版；第二章、第三章、第四章和第五章，可视为设计思维实践的升级版；在前五章的基础上，第六章则为设计思维的操作或应用版。老师们可以根据自己的实际需求自主选读和创新应用，方能很好体现出设计思维的教育价值和力量。

第一章　设计思维方法论导引

　　"全球孩童创意行动"旨在引导中小学生主动寻找现实问题，并创造性地解决它。这项活动的发起人——凯兰·塞西（Kiran Sethi）在 TED 演讲中说了一句经典的话："把学习带到现实中，让孩子用自己的力量创造改变，可以直接提升他们的幸福感和竞争力。"解决复杂问题的能力（complex problem solving）对于当下的孩子来说至关重要，世界经济论坛发布的"2020 年人才市场最看重的 10 项技能"，就把这种能力放在了第一位。

　　世界上注重创新教育的国家和地区，都极其关注和训练孩子解决现实问题的能力。他们具体是如何训练的呢？欧美许多学校特别钟爱一个名为"设计思维"（design thinking）的创造力训练方法。

第一节　设计思维概览

　　"设计思维"发源于设计界，后来被各行各业借鉴。斯坦福大学设计学院的戴维·凯利把它归纳成一套科学方法论后，迅速风靡全球高校和中小学。

📄 **案例**

从 IDEO 公司重新设计超市购物
推车的案例开始[1]

美国广播公司"夜线"（Nightline）节目与 IDEO 公司合作，用摄像机带领观众"亲眼看看创新的产生"——IDEO 设计师要在 5 天内重新设计超市购物推车。

第一天，跨学科创新团队成立。团队中，有人观察消费者的采购行为；有人钻研购物推车和相关技术；有人跑去请教采购和维修购物推车的专家；有人则到超级市场考察购物流程；有人甚至刺破了十几部儿童座椅和娃娃车，研究其内部构造。团队最终锁定三个创新目标：设计体贴儿童的购物推车，规划更有效率的购物方法，提高购物车的安全性。

第二天，针对创新目标实施创意研讨，头脑风暴过程百无禁忌。上午 11 点，天马行空的点子写满白板。之后进行投票，决定产品原型的方向。下午 6 点，一部可供测试的原型车出炉，该车具备了以下特点：车体外形优雅，购物篮可堆置在车架上，有一支可向客服人员询问的麦克风，以及一台可节省结账排队时间的扫描器等。

第三天上午，灵巧、漂亮的购物推车车架已经由资深焊工制作完成。负责制造模型的设计师则辛苦地改良车轮。

---

[1] 该案例引自：鲁百年.创新设计思维［M］.北京：清华大学出版社，2015.

　　第四天，正当大家开始组装车体，并将购物篮放入购物推车时，凯利教练提醒："你们不会要用这些篮子吧？"于是，团队成员拿来几张树脂板，制作全新的购物篮。同时，每个环节的组装测试工作也已完成。

　　第五天上午，在欢呼声中，一辆创新购物推车揭开了面纱：车体两侧倾斜成弧线，有流线型跑车的味道；采用开放式的车架设计，可在上下两层整齐排放 5 个标准购物篮；推车上的儿童座椅配备安全扣、儿童趣味游戏板；购物推车还配备了扫描装置（可直接结账）和两个咖啡杯架等（见图 1-1）。

　　凯利教练在节目中表示："其实我们并不是任何特定领域的专家，我们所擅长的是一套设计流程，不管产品是什么，我们都设法利用这套流程来创新。"

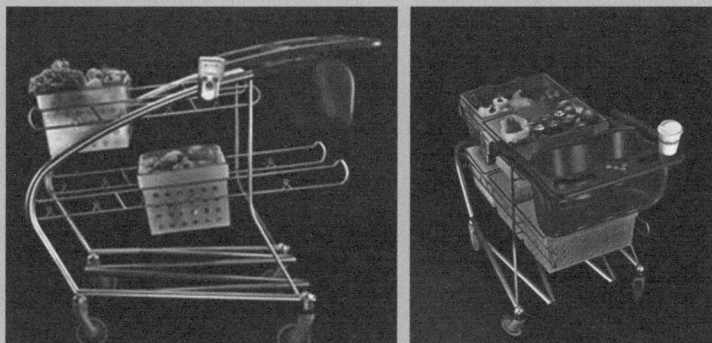

图 1-1　IDEO 运用设计思维方法改进后的超市手推车

这是 IDEO 运用设计思维解决真实问题的典型案例。从以上手推车设计的整个过程来看，首先要有一个懂得设计流程的行家里手而不是行业的专家。一般来说，专家的思维模式已经固化，他们在创新的时候，总是会考虑老产品有什么问题，再进行"打补丁"式的创新。而 IDEO 的设计团队中没有产品专家，而是充满了各种不同的专业人才。创新需要 T 型人才，但是 T 型人才不容易找到，所以就利用具有 T 型人才功能的团队。在 T 型团队里，什么背景的人都有，大家的思维模式完全不同，可能会得到更多的创意，容易产生"颠覆"性的解决方案，这就是设计思维的独到之处。

一、设计思维的起源

设计思维并不是凭空来到我们的生活中的，它经历了长期的发展和变化才有了今天的辉煌！在科学领域，把设计作为一种"思维方式"可以追溯到赫伯特·A.西蒙 1969 年出版的《人工智能科学》，西蒙在书中把"设计"定义为"让当前环境变得更好"。1973 年美国设计师罗伯特·麦克金姆出版了《视觉思维的体验》一书，也用到了"设计思维"概念。1987 年，美国心理学家彼得·罗出版了《设计思维》一书，首次将"设计思维"作为专门的术语正式使用。与此同时，从 20 世纪 80 年代开始，美国著名设计家罗尔夫·法斯特开始尝试在斯坦福大学开设"设计思维——创新活动的路径"系列课程，并引入了罗伯特·麦克金姆的设计理论。

二、戴维·凯利的设计思维与 IDEO、d. school

1991 年，斯坦福大学毕业的戴维·凯利（见图 1-2）创立了世界顶尖的设计咨询公司 IDEO（见图 1-3）。IDEO 把设计思维作

图 1-2　设计思维实践及传播家——戴维·凯利

图 1-3　IDEO 上海公司的超凡角

为核心思想应用到商业活动中，成功地将设计思维商业化。2005
年，凯利在斯坦福大学设计学院成立了"斯坦福大学哈索·普兰
特纳设计研究院"（The Hasso Plattner Institute of Design at Stanford
University，简称 d. school），开始推广他坚信的设计思维。从此，
他自己"皈依"了设计思维，成了设计思维的"布道者"。

　　d. school 是斯坦福大学唯一一个不授予学位却人满为患的学院。
d. school 的目标是培养复合型、以人为本的创新设计师，而不仅仅
关注新产品的创新设计。研究院人员由各种背景和行业的人员组成，
分别来自工程学院、艺术学院、管理学院、医学院、传媒学院、计
算机科学学院、社会科学学院、理学院等。d. school 开设的设计思
维的课程，主要利用学员分组参与的形式，尝试设计一个新的产品、
服务、流程等，从而掌握设计思维的方法论和设计思维的思维模式。
d. school 的课程向斯坦福大学的所有研究生开放（学生都有各自的
专业背景和基础能力），强调跨院系的合作，宗旨是以设计思维的广
度来加深各专业学位教育的深度。d. school 所有的教学课程都是项
目驱动的。这里的课程没有固定的模式，而是根据学时长度、参与
课程的学生人数和师资不断调整。但每门课程起码配备 2 名教师，
多的可以到 5 名，这是为了满足学科交叉的要求。d. school 没有学
位教育的要求，因此它的教学模式不重视一般意义上的系统性，而
是强调针对性和实用性，回归到了设计的实践属性。学院就像艺术
殿堂一样，教室里面几乎看不到桌子，也看不到凳子，创新需要将
心理空间和物理空间相结合（见图 1-4、图 1-5）。上课采取活动模
式，学生在课堂上的大部分时间里都在动手操作。

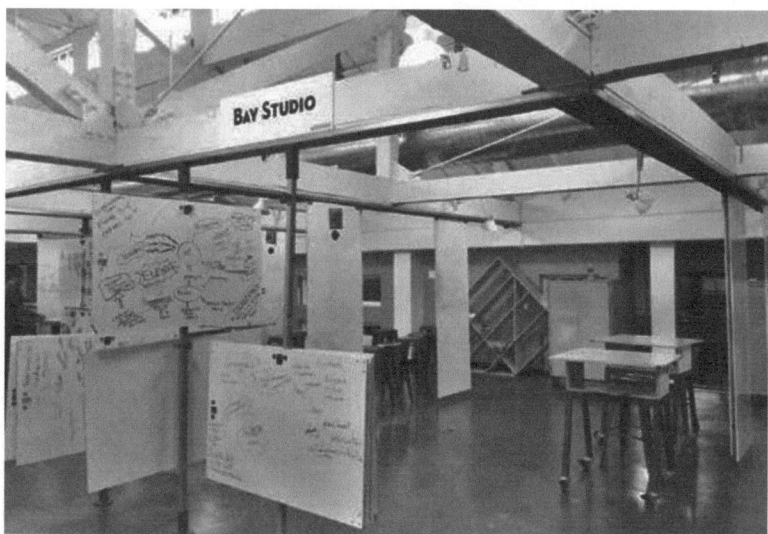

图 1-4　d. school 海湾工作室

图 1-5　d. school 学生工作的地下车库及概念车

三、设计思维在中国

设计思维在我国的发展也非常迅速。2012 年，SAP 公司在中国成立了商业创新团队，主要面向中国的战略客户推广创新设计思维方法论。华为公司将创新设计思维方法论导入并作为创新的基因。2014 年 10 月，中国传媒大学艺术学部成立了"设计思维创新中心"。2015 年 7 月，中国传媒大学非常成功地举办了"亚洲设计思维峰会"，由斯坦福大学 d. school、德国 HPI 设计思维学院、SAP 和 IDEO 共同主办。SAP 将这一方法论引入中国后，目前已经和客户共同做了几百场的联合设计思维工作坊。设计思维在我国台湾地区发展也比较迅速，其中，有两个突出的代表性事件，一个是 2012 年《设计与思考》（Design & Thinking）的拍摄，这部专门探讨设计思考的纪录片，已经在世界的几十个国家和地区的大学或其他组织放映，应该说为设计思维在我国台湾地区的传播起到了积极的推动作用；另一个是台湾大学内部的一个专门为设计思维而成立的社团——"不一样思考社"，该社团成立于 2010 年，通过课程、工作坊及培训，在台湾地区有一定的影响力。该社团的 4 名同学还写了一本非常通俗易懂的推广设计思维的科普书籍——《斯坦福大学改变年轻人未来的一堂课》。他们的努力，引发了一场风靡全台湾的思维革命。

第二节　设计思维的定义

IDEO 现任首席执行官蒂姆·布朗（见图 1-6）认为，设计思维是一种以人为本，从设计师的方法和工具中汲取灵感，整合人的需求、技术的可能性以及实现商业成功所需的条件，来解决问题的方法。设计思维是一种创新的思维方式和方法论。通俗地讲，设计思维就是像设计师一样去思考。[1]

图 1-6   IDEO 首席执行官蒂姆·布朗

作为创新理念的设计思维，主要目标是从客户需求或者潜在需求的角度去发现问题，然后去解决问题。设计思维主张用户至上、跨领域组建团队、在做中学，鼓励差异化、多元化的解决方案。从这个角度来说，设计思维并不是只有设计师才能拥有的，无论是医生、消防员、营销人员、教师、学生，还是家庭主妇，设计思维都可以帮助改善现状，得到解决问题的创新性方案。

作为创新方法论的设计思维，从人的需求出发，围绕创新挑战，营造良好的创新环境，用规范化的流程鼓励创新。从这个角度讲，设计思维包含一套完整的操作流程和一系列的工具包。设计思维的最大价值是将"创新"变成一种流程化、可视化、可迭代的简单易用的工作方式。设计思维是人人可以使用的一套方法，已被运用到设计、创新、创业、教育、公益、商业等各个方面。

---

[1] 详细内容请参考：布朗. IDEO，设计改变一切［M］. 侯婷，译. 沈阳：万卷出版公司，2011.

基于以上学者的定义，我尝试将设计思维定义为：一种基于移情和迭代的过程，创造性地探索和最终制定挑战性解决方案，为人类创造美好生活的过程和方法。设计思维在教育中的力量，就是千方百计地找到并实施有助于学生更愉悦、更投入、更有成效、更个性化的创新性学习的解决方案。

第三节　设计思维的流程解读

有人说："设计思维是一个综合系统，是一种运行在科学流程上的美妙的创新方法。"d. school 把设计思维分为 5 个步骤，引导人们以"人的需求"为中心，通过团队合作解决问题，获得创新。本节只针对 d. school 的设计思维为读者进行简要解读，其他各家大同小异的流程不在此赘述。

d. school 的设计思维流程图包含同理心（empathize）、定义（define）、创想（ideate）、原型（prototype）、测试（test）五个阶段。这五个阶段较好地体现了发现问题、定义问题和解决问题的探究性学习的全过程，而且很好地表征了设计思维"以人为本""拥抱创意"和"动手思考"的三大核心理念[1]。

一、同理心

（一）同理心的基本概念

建立"同理心"是设计思维的第一步，也是最关键的一步，

---

[1]　请参考：黄菁嫩，黄稚晏，李亭仪，等.斯坦福大学改变年轻人未来的一堂课［M］.北京：同心出版社，2013.

是设计思维实践中最核心的环节，也是设计思维各环节的基础。

同理心是外来词，是一个心理学概念。它与"共感""共情""移情"等是同义词。同理心是指对别人的深刻理解和感同身受，泛指心理换位、将心比心。建立同理心包括深入感受别人的情感和情绪，从别人的态度中体会其言行和由来，进而认识到他人的真实需求和期望。在设计思维中，同理心特指在设计挑战中对目标客户的理解。

作为"以人为本"的创新方法，设计思维不仅反对技术驱动的创新，也反对单纯针对问题寻找答案的应试思维。设计思维的一个重要理念就是创新活动要回归到人本身，解决问题要从理解你的目标客户出发。

建立同理心这个步骤，要求团队成员带着同理心去观察利益相关者，换位思考，真正了解你要为"谁"而设计，服务对象是一个怎样的群体，他们在物理和情感上的需要是什么，什么对他们来说是最重要的。同理心是一种设身处地体会他人感受的思考方式。

📄 案例

在印度海德拉巴市的郊区，住着一户人家，女主人每天都要到离家约 1 000 米的开放水源处去取水，为了方便运输，她用一种容量 15 升左右的塑料桶装水并顶在头上。尽管她知道开放水源的水不安全，甚至她和家人曾因饮用这样的水而患病，但她也不会去离家更近的约 500 米的某基金会运营的社区水厂买水。她知道社区水厂的水价自己完全能够接受，而且去水厂买水会让自己更有面子。那她为什么不用水厂的安全水呢？原来，该水厂的系统设计存在一定的缺陷：水厂规定只能用约 25 升的容器，装满水太重了，不方便女主人运输。另外，水厂还要求用户必须购买每天 25 千克用量的月卡，而她家每天用不掉那么多水，对她来说这是在浪费钱买自己不需要的东西。如果降低限量，她会买的。[1]

同理心与同情心是不同的。同情心，是认知到别人的痛苦，从而引起恻隐之心。同理心，是能够感同身受，设身处地为他人着想，实际感受到他人的痛苦。比如有个人掉到山洞里，有"同情心"的人会说："我真的替你感到难过。"但有"同理心"的人会说："洞里这么冷，你一定不好受，我能体会到你此时的心情和感受。"（可配合网上视频《同理心的温柔力量》来理解同理心与同情心的区别）。

可见，同理心意味着在人与人彼此的互动中，必须认真地倾听，而且了解、接纳对方的感觉，这是一种认同他人体验的态度。同理心是一种关心与爱的艺术，是高情商的表现。

---

[1] 案例详细内容请参考：王可越，税琳琳，姜浩.设计思维创新导引［M］.北京：清华大学出版社，2017.

不过，同理心不是与生俱来的，而是后天培养出来的。那么，如何培养同理心呢？

（二）培养同理心的方法

设计思维强调"以人为本"的创新，而"以人为本"的创新不仅仅是验证既有产品或服务的合理性，还要发现用户需求的可能性，也就是客户肯定需要但尚未感受到、还讲不出的可能需求。彼得·德鲁克曾有一句名言：设计师的工作，就是"将需要转变为需求"。他说，创新的根本是要把人放回到故事中，要将人放在首位。正如蒂姆·布朗所言："我们真正的目标其实不是设计更快的打印机或更符合人体工程学的键盘，来满足显而易见的需要，那是设计师的工作。帮助人们明确表达那些甚至连他们自己都不知道的潜在需求，这正是设计思考者面临的挑战。"以下我们将重点讨论所有成功的设计思维项目都必须关注的三个互相联系、互相促进的有效挖掘用户真实需求的方法：观察法、体验法和访谈法。

1. 观察法

观察是培养同理心很重要的方法。不仅要观察行为本身，还要观察被观察者的生活场景，看他做了什么，怎么做的，思考他为什么这么做，目的是什么。有些情况下，被访谈者不愿意说太多关于自己的事，而当你去观察的时候，会从他的行为中洞察到更多，可能你还会发现他的实际行为跟他所表述的不一致的情况，这些都是需要注意的关键点。

📄 **案例**

　　IDEO 的帕翠斯·马丁是一个优秀的观察者，她非常喜欢交谈并提出试探性的问题。在一次对中产家庭餐饮习惯进行调查的过程中，她遇到一位看起来十分注意餐饮品质的完美主妇。在走访时，这个家庭主妇正在烤鸡，桌上摆着令人垂涎的沙拉。和往常一样，帕翠斯用摄像机把家中的这一幕捕捉下来。就在采访即将结束时，孩子们回家了，他们对厨房中的食物发出了不敢置信的惊叹，这一切当然也被帕翠斯注意到。结果帕翠斯在垃圾箱中发现了快餐和冷冻食品的包装盒——这才是这个家庭真正的饮食习惯。[1]

📄 **案例**

　　一家财务软件公司的团队去做客户拜访，每次去都受到热情的款待，老板反馈说，有了这个软件，员工工作很好了，还专门在会议室用 PPT 给大家展示这个软件有多好。问他们有没有什么需要改进的，他们的反馈永远都是很好，一派欣欣向荣。

　　后来再次拜访这个客户的时候，客户还是用老套路来

---

[1]　详细案例请参考：凯利，利特曼.创新的 10 个面孔［M］.刘金海，刘爽，周惟菁，译.北京：知识产权出版社，2007.

接待大家。设计思维中强调观察客户的实际工作状况，要深度挖掘，要知道为什么。我们的产品这么好，为什么呢？那就让客户演示一下他们在实际工作中是怎么应用我们的产品的。

这个时候客户就不太乐意地说："会议室已经订好了，会议室比较安静方便……"总之就是百般不愿意去自己办公桌上演示他的日常工作。但团队同去的两个人还是坚持要去他的工位上瞧瞧我们的产品怎么帮助了他。无奈之下，客户把那两位兄弟带到他的办公室说："这个软件实际上我基本不用的。"为什么呢？因为他不会用，以前没学过，来到公司也没培训过，帮助文档看不懂，所以后来就不用了。那他平时的工作是怎么做的呢？他说，就是用 Excel 来管理，月末手动整理个报表给老板。

结果发现，老板也是不使用这个产品的。他之所以觉得员工用这个产品用得很好，是因为他要的报表每月都做得很好。[1]

这两个案例说明，有时多花些时间深入具体的场景中，你才能不被表面现象所蒙蔽，才能了解到真实的情况。

---

[1]　本案例整理自网络，详见 https：//blog.csdn.net/weixin_34247299/article/details/93273288。

那么，如何观察你的访问对象或者使用者呢？斯坦福大学设计学院研发的教材中有一个很简单的观察工具：A-E-I-O-U观察法（参见本书第四章的"工具二"）[1]。即使你不是设计师或人类学家，有了这个工具，都能够达到基本的观察效果。

> **练习**
>
> 请你用"A-E-I-O-U"工具，观察你家一周晚餐的全过程。
>
> 1. 有什么新发现？
>
> 2. 有什么新的感悟？
>
> 请跟你的家人分享你的观察，并且记录下他们的反馈。

2. 体验法

了解一个人最好的方法，就是成为那个人。"情景式体验"让人们得以亲身体验对象的处境，用感同身受代替主观臆测，IDEO称之为"花更多的时间穿上别人的鞋子走一走"，这种思考，比先入为主的"我以为"要深刻得多。

> **案例**
>
> 印度排名前十的河沿小学的五年级学生，有一堂课叫"儿童权益"，学习这门课时，学生们被老师要求制作庙里

---

[1] A、E、I、O、U分别是英文actions（活动）、environment（环境）、interaction（互动）、objects（物品）、user（使用者）的首字母。

所用的香，连续工作八个小时，以体验童工的境遇。孩子们连续工作了两个小时后，感到腰背酸痛；连续工作一天后，他们的心态改变了——自发走上街头，用切身感受说服城市里的每一个人：童工制度必须被禁止！他们和企业家、工头诚恳对话，表达自己的这一愿望，后来成功说服大量作坊停止使用童工。[①]

由此可见，通过别人的眼睛看世界，通过别人的经历来理解世界，通过别人的情绪来感知世界的这种情景式体验，可以帮助我们找到用户的真实痛点、真实需求，从而找到解决问题的正确切入口。

练习

双休日做几顿午餐或晚餐给家人吃，写出与众不同的体验和收获，与家长分享或在课堂上与同学分享。

3. 访谈法

除了观察和体验，常用的调研方法还有访谈。访谈就是直接与用户进行交流，通过谈话来挖掘用户需求。有人说："访谈不就是直接问别人嘛，这有何难？"其实不然，访谈看上去非常简单，但要想让你的采访能够挖掘出客户的真实需求，还是很不容易的。一般来说，要经过一定的训练才能熟练掌握访谈的技巧。那么，如何进行高效的同理心访谈呢？需要哪些基本步骤呢？一般来说，具有如下步骤：

（1）准备——让访谈顺畅进行。一次成功的访谈离不开必要的准备工作。在访谈之前可以列举一些你想要问的问题（不一定是很细的问题，列出一些引导性的问题即可），将这些问题做一下归类，然后根据情况做适当的合并或删减，最后整理出一个大概的问题顺序。这样可以有效保证访谈始终围绕主题进行，有助于获得自己想要的信息；也有助于使访谈顺畅进行，避免访谈过程中的无序状态；同时，也给被访谈者留下准备充分的印象，有助于营造良好的访谈氛围。

（2）开场——明确访谈目的。访谈开始时，首先要进行自我介绍和项目介绍，并且要注意语气、语调、表情，营造良好的访谈氛围，为访谈开一个好头。比如，向受访者说明："我们是×××学校的学生，正在研究×××课题，不是在推销产品。"好的开头不仅可以更好地设计和引导访谈，也有助于打消被访谈者的顾虑。

（3）团队建设热身——建立彼此信任。访谈前做些团队建设工作，有助于拉近自己与陌生人之间的距离，建立起信任关系，使受访者有一种安全感，确保后面的沟通更顺畅，挖掘到更多有价值的信息。团队建设的技巧很多，如，可以采取"故作无知"的提问技巧。"故作无知"就是利用每个人的自炫心理，故意抛出错误观点或装作不懂的样子，然后用请教的语气提问，激发对方的优越感，那可能就会引出滔滔不绝的谈话。放弃专业术语，用生活化的提问开始聊天，也是启动访谈的有效方式。

（4）有效提问——多提开放式问题。采访过程中，为了能获得更多的有用信息，尽量多用开放式问句，与是非题说再见"。

开放式问题既不是"是非题"，也不是"选择题"。举例来说，凡以"为什么……""什么样……""哪些……"开头的问题，就是开放式问题。开放式问题有两个好处。一是可以让受访者多说一点。是非题基本上就像问卷调查。试着比较两种问法：一种问法是"请问你喜欢汉堡吗？"另一种问法是"请问你最喜欢的食物是什么？"前者的回答多半是"喜欢"或"不喜欢"，这就是是非题。当受访者的回答字数比问题字数还多的时候，你就该知道这应该是一个开放式问题了。二是可以让受访者忠实地表达他的想法。就这一方面来说，选择题好像比是非题好一点，例如："你最喜欢的快餐是汉堡、薯条、炸鸡，还是鸡块？"有些人可能会想到以上选项受访者都不喜欢，所以还加了"以上皆非"。但无论你给了多少选项，终究都只是"你"的想法，而非受访者的想法。当你给了"汉堡、薯条、炸鸡"等选项时，受访者心里的"烤鸡"选项可能就因此被抛到脑后，而被你引导到你所预设的选项中。这就是设计思维不喜欢用问卷来进行调查的原因。

当然，开放式提问也不意味着提的问题过于宽泛和模糊。如"你觉得我们的学校怎么样？"你可能得到的只是"还不错"这样模糊的回答。

（5）提问原则——"5W1H"。在采访中，提问题的技巧很重

23

要，要尽量提出开放性问题。那如何提出开放性问题呢？提出开放性问题要遵循哪些原则呢？

访谈提问的最基本原则是"5W1H"（见图1-7）。"5W1H"式提问是指：Who?（谁？）Doing what?（做什么？）When?（什么时候？）Where?（在哪儿？）Why?（为什么？）How did it look? How did you feel?（看上去怎么样？你感受如何？）……

图1-7 "5W1H"提问原则

（6）深入追问——使访谈走向纵深。访谈过程中连续追问的技巧很重要。因为受访者不可能一次就把所有问题讲清楚，采访者一步步追问，不仅可以把问题问清楚，而且还可能获得一些意想不到的信息，使采访向纵深发展。如，你可以这样追问："什么时候？""什么场景？""遇到的具体问题是什么？""导致的结果是什么？""如果是你，你想如何处理这个问题？"……

（7）细心观察——关注非语言信息。沟通中的信息传递7%来自语言，38%来自语音语调，55%来自身体语言（表情、动作等）。访谈过程中的非语言信息尤为重要，例如，受访者表现得很为难（皱眉），一直看手表（时间太长了），双臂交叉抱于胸前（不想多谈）……这些非语言信息，不仅有助于你分析他们传递给你的信息，更有助于你调整自己的采访策略，确保采访有效进行或及时结束。

（8）用心倾听——提升访谈的效果。在访谈过程中，访谈者扮演的是引导者的角色，为此采访者要尽量避免插嘴，放慢语速，让受访者尽可能连续表达，提出更多观点。在访谈过程中，采访者要积极倾听，并适时做出必要的反馈，如"嗯"（并点头）、"这样啊"、"这个想法很有意思"，并及时记录访谈内容。

（9）用心互动——鼓励对方讲故事。在访谈过程中，不但要注意对方的表情和肢体语言，也要注意自己的面部表情、眼神、肢体语言及提问的方法，营造良好的互动氛围，鼓励对方持续说下去，说的更多一些。在访谈过程中，也可以分享一些自己的趣事，让对话更开放、融洽，让对方感受到你们有共同的爱好和话题，有助于受访者把故事讲得更精彩，更深入。如，"我和你一样，都喜欢这样的老师，这样的老师很受学生欢迎，那你感觉这样的老师和一般的老师相比有哪些不一样的特质？"

📑 案例

　　在"不一样思考社"的一堂设计思维培训课上，来自斯坦福大学的教练布先生，公布了贯穿三天的课程主题——"解决银发族的问题",然后告诉大家下午要实地做田野调查,访谈的对象是一群老人。

团队中的所有成员,从小就不和爷爷奶奶住在一起,少有和年长者长时间相处的经验,所以对于这个主题难免有些害怕,不知如何去采访。经过简单的分工,团队中的詹妮弗阴差阳错成为访问的主问人。

第一位受访者是一位外表打扮得十分得体的老奶奶。访问一开始,詹妮弗抛出了第一个问题:"奶奶,请问您觉得您的生活中有什么问题吗?"

奶奶歪着头想了想,说:"没有吧!现在是我人生最快乐的时候,儿子住得很近,孙子们很可爱,看到他们我就觉得很幸福……一切都很好。"

奶奶说完之后,詹妮弗瞬间不知道接下来该怎么办才好。她心想:奶奶的生活没有需要解决的问题,那我们还要做什么呢?四周的气氛顿时变得安静,奶奶的脸上也出现了尴尬的微笑。

还好,这时候访谈的副手阿J打破了沉默,他试图和奶奶闲聊:"奶奶,那您平时常去儿子家吗?"就是这个问题,让奶奶的眼中立刻露出了光芒,脸上也出现了骄傲的笑容。她从自己的好媳妇、优秀的孙子,谈到和家人的互动方式,再聊到年轻时经历的战乱、白手起家的辛苦等等,很神奇。

> 当阿 J 问了一个对的问题之后，奶奶就打开了话匣子，宛如遇见多年不见的老友，滔滔不绝地说了一个半小时，分享自己的人生故事。[1]

通过这个案例可以看出：在访谈和互动的过程中，提出正确的问题远比提出好的问题重要！正确的问题可以让被访者讲更多关于自己的故事。

当然，同理心的各种方法也不是完全独立的，是完全可以穿插在一起使用的。例如，在访谈的时候，忽然有一个外部的环境因素进来，引发访谈对象做了一系列动作，这个时候可以顺便做些观察。再比如，想要了解访谈对象使用某个产品的体验，可以请他重复一次使用的过程，边重复过程边让他讲出每一步的感受是怎样的。

练习

运用以上的访谈技巧，尝试对学校的校长进行一次深入访谈，或者尝试与你的父母进行一次深入的沟通，并做好记录，在班上与同学分享自己的收获和待改进的方面。

[1] 本案例详细内容请参考：黄菁嫩，黄稚晏，李亭仪，等.斯坦福大学改变年轻人未来的一堂课 [M].北京：同心出版社，2013.

二、定义

通过第一步运用同理心对被访者进行广泛调查，获得了大量需要解决的问题信息，面对大量的信息，接着我们应该做什么呢？就是要对这些信息进行分类、梳理，再通过聚焦，把需要解决的关键问题"定义"出来。

（一）定义的概述

"定义"就是把我们通过"同理心"调查获得的大量"客户"需求信息，聚焦到一两个关键问题上，就是把需要解决的问题"界定"出来。简单来说，定义的核心就是从收集到的纷繁复杂的信息中提炼出关键信息，给出一个内容明确的、完整的、操作性很强的任务描述。

为什么要有定义这个过程呢？简单说就是：我们不太可能为每个人设计一个产品，也不可能找到一个万能的方法一下子解决所有的问题，而是要通过前面的理解和观察的信息，再一起聚焦问题，做出最优决策，找出那个最关键、最核心的问题，为后续的问题解决明确方向和目标。蒂姆·布朗把这个过程比喻为"漏斗"，漏斗开口那端代表通过同理心获得的大量的信息，这些信息良莠不齐，需要通过这个漏斗对各种信息进行过滤和整合，开口较小那端代表经过"过滤"后"剩下"的关键问题。定义是寻求解决方案的第一步，只有明确行动目标才能更好地回应和采取适切的解决问题的策略。正如爱因斯坦所说的："如果只给我一

个小时拯救地球，我会花 59 分钟找准核心问题，然后用一分钟
解决它。"

（二）定义的步骤

我们可以通过以下四步来实现设计思维项目的问题定义，即：
讲故事，分类，创建人物角色，定义一个观点。

1. 讲故事

讲故事就是在团队观察、体验和访谈的基础上，把访谈的内
容尽可能原汁原味地复述给整个团队的成员听（见图 1-8）。讲故
事不仅可以使大家处于同一"频道"上，还可以把零碎的信息有
机地组织起来，使事物之间建立起联系。讲故事还可以有效地反
映被访者的情绪和情感，使听众被打动而产生情感共鸣。

"讲故事"最有效的方式就是视觉化呈现。设计思维所倡导的
视觉化呈现是指把搜集来的大量笔记、图片、音频和视频等纷乱

图 1-8 讲故事时的情景

信息，用更直观的方法和通俗的语言讲给同伴听。可视化呈现能使自己的故事更生动、感人。设计思维最简单、最有效的可视化办法就是"上墙"。"上墙"这种讲故事的方式优势多多：你站在一面贴满了研究对象照片、写着他们原话的便利贴、记录着他们体验的历程图这样的墙壁（或白板）面前的感受，比对着电脑里的电子文档的感受肯定要强烈得多，更容易找到信息内在的关联，有助于提炼出你的洞察（问题）。"上墙"还是将信息分享给项目组其他同伴的重要方式，这个时候可以手指墙壁给其他同伴讲被访者的故事：我和谁面谈了？他是怎样一个人？有哪些让我觉得特别有趣或者印象深刻的故事？这个用户最关注的是什么？让他感到受挫的又是什么？他和环境的互动是怎样的？这样的讲述可以让自己的同伴们更加直观地理解究竟发生了什么。贴满视觉资料的墙面还像一个集体记忆库，可以供项目组在需要的时候随时查阅。

　　视觉化工具有很多，一个较常用的视觉化工具是同理心地图。同理心地图是一种简单、易于理解的视觉图像，它可以捕捉用户行为和态度信息。它是帮助团队更好地理解用户的有效工具。同理心地图在设计过程的很多场景中都可以用到，在对用户进行调查之后，在对需求进行分享和分类的过程中，同理心地图都是非常有用的工具（参见本书第四章工具一"同理心地图"）。

　　同理心地图（empathy map，也可译为移情图）如图 1-9 所示。它最早由美国商业设计顾问公司 XPlaner 的戴夫·格雷（Dave Gray）提出。在这幅图里，中间的这个小人儿代表要重

点观察和访问的人物或对
象；小人儿的四周，左边
是 Hear，用于记录"他听
到周围的人说了些什么"；
右边是 See，用于记录
"他看到了什么"，包括人
的行为、环境等；上边的

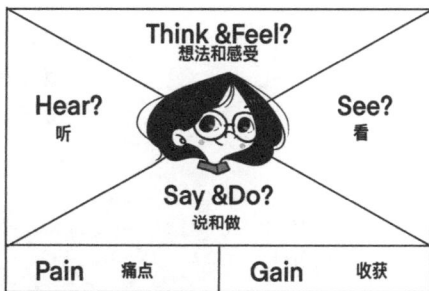

图 1-9　同理心地图

Think & Feel，用于记录"他的想法和感觉如何"；下边是 Say &
Do，用于记录"他对此有哪些回应，说了或做了什么"；在最
下方还有两个方框，左边是 Pain（痛点），用于记录"他感到痛
苦、挫败的是什么"；右边是 Gain（收获），用于记录"他的期
望、需要是什么"。

2. 分类

分类的主要工具支架就是"同理心地图"。创建同理心地图很
简单，所需的材料只有一张大纸或一块白板、彩色便笺和记号笔。
同理心地图有很多种格式，但它们有共同的核心元素。一张大的
纸（或白板草图）被分成几个部分，用户处在中间。由于人们通
常用一个很大的空空的头来表示用户，所以戴夫·格雷最初将其
称为"大脑袋练习"。

设计思维项目在"定义问题"这个阶段就可以借助这个同理
心地图，把团队搜集来的受访者的各种信息按这个地图来进行分
类，然后进行比较分析，找出他的痛点和关键问题。图 1-10 是
一个非常简洁的同理心地图。

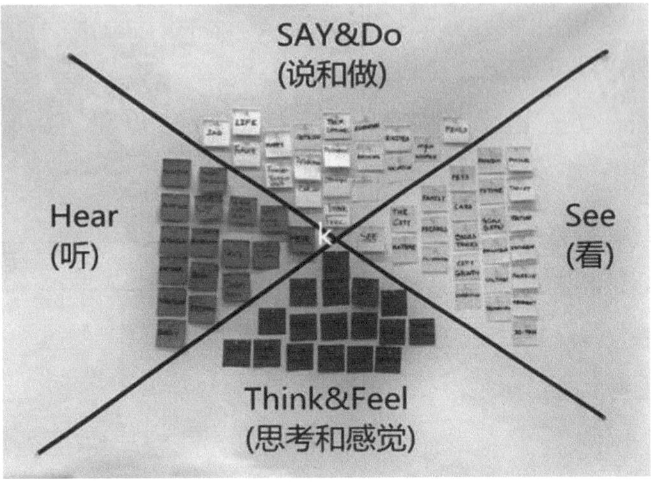

图 1-10　学生上课时制作的同理心地图

　　如果你在做的项目是一个难度较大的长期项目，在还没有很好地了解客户真实需求的情况下，你不妨把这个地图挂在工作室或公共区域很显眼的地方，或者创建一个设计好的海报，它可以时时提醒组织中的其他人了解这个角色，并鼓励大家从中获得新的洞察。

　　3. 创建人物角色

　　人物角色是虚拟角色，是从客户观察、访谈等数据中，通过运用同理心地图进行分类、分析和综合抽象出来的，同时结合目标、需求、限制等，能帮助我们科学地做出问题定义的"用户代表"。

　　创建的人物角色，其角色属性和描述要准确而完整，这一角色必须能代表我们关注的真实用户群体的 95% 以上。

创建人物角色可以帮助我们认清是在为谁设计这个项目，创建角色会让我们把时间花在考虑这类用户的需求上，这对定义真实的问题很关键。只有这样，我们才不会把时间浪费在那些不重要的用户上，导致抓不住主要矛盾和主要问题。

创建人物角色的方法就是要我们从大量的分类信息中，揭示出我们服务的对象的属性：需求（用户想做什么）、行为（用户怎么做）和观点（用户是如何看待这些经历以及如何看待自己的）。

从图 1-11 可以看出，一个清晰的用户角色可能需要包括许多信息：姓名、照片、性格、年龄、背景、需求、任务等。

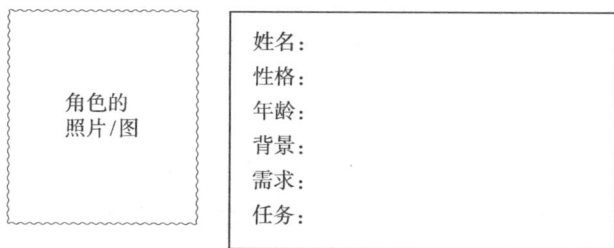

图 1-11　创建人物角色样图

📑 **案例**

在"不一样思考社"解决银发族问题的案例中，同学们经过深入的田野调查和访谈，获得了大量的第一手资料。但当他们面对这纷繁复杂的资料时，他们突然困惑了起来，不知道该如何下手了。每个老人都是一个独立的个体，他们都有不同的性格特征，也有不同的问题，要怎么做判断，哪些问题是我们想要解决的，哪些问题是"重要"的呢？实在是令人难以抉择。

在讨论的过程中，学生们发现，年长者虽然年事已高，体力也不如年轻时好，但他们还是希望可以帮助别人，进而增加自我价值。经过比较分析之后，学生们发现许多年长者具有共同的性格特征：阅历丰富、身体健康、有社会责任感、有爱心等等。正是通过对银发族这个群体的共性特征的深入分析，学生们终于"定义"出要解决的问题：如何帮助年长者贡献自己的晚年价值？

4.定义观点

所谓定义观点就是要我们最终明确问题到底出在哪里，并用一句很精简的话告诉别人，"你想如何解决什么问题？"。有一个常用句式——"How might we ...?"（我们该如何……？）。

样例：我们该（如何），为（谁），做点（什么），好解决（什么问题）。

例如：我们如何提升学生核心素养，促进学生的全面而和谐的发展？

📑 案例

美国"天赋教育"（相当于"尖子班"）有一道经典的

领导力训练题："假设在 2097 年，你和你的宇宙飞船机组成员正执行一次百年宇宙飞行的使命。着陆时，却遇到了问题：你们降落在错误的着陆点上。在测量设备全毁的情况下，你将如何率领团队走出绝境？"

套用"How might we"句式，问题就从"我如何率领团队走出绝境"而聚焦为"我如何收集尽可能多的资料，尽快确定地理位置，联系救援"。

可见，在设计思维中，How might we ...（HMW）是能够帮助我们"定义使用者需求"的好方法。

练习

向身边的同学进行调查，了解他们学习生活中的"不愉快"，然后用设计思维的定义方法，定义出一个对学生来说最大的"不愉快"，在课堂上进行交流。

三、创想

通过"同理心"环节发现了大量的问题，经过"定义"环节使大量的问题得以清晰梳理，定义出需要我们解决的那个最关键的问题，如果说这两步是设计思维的"发现问题"和"定义问题"阶段，那么从"创想"开始，我们就进入"解决问题"阶段。

（一）创想的概述

所谓"创想"，就是在前期调查和定义的基础上，全体成员围绕核心问题按照一定的规则，通过特定的流程，在短时间内相互启发、思维碰撞，输出各种各样解决方案的过程。

创想的最佳方法就是头脑风暴。布朗说："头脑风暴法之于创造力，就像体育锻炼之于保持心脏健康一样至关重要。"

头脑风暴法由美国 BBDO 广告公司的奥斯本（Alex F. Osborn）首创。头脑风暴主要指工作小组人员在正常融洽和不受限制的环境气氛中以会议的方式进行讨论、打破常规、积极思考、充分发表看法。所以说"头脑风暴"是一种产生创意和想法的方法，通过汇聚此过程中不同人的观点，从而产生新的创意点。

（二）头脑风暴的准备

1. 分拆问题

分拆问题就是对在定义阶段提出的关键问题进行再次修改、拆分，以使讨论的话题更有针对性。

例如，关于"如何帮助学习困难学生，提升他们的学习获得感"这一问题，聚焦"帮助困难学生"，就可以有课后补习、加强思想教育、多留作业等很多方法；聚焦"学习获得感"，也可以有帮助学生克服考试焦虑，帮助学生认真做好考前复习，甚至有意识地多给学生点分数，让他有成功的体验等。虽然问题彼此有关联，但拆分后可能会获得更多更有针对性的点子。

例如，解决少数学生上课迟到的问题，可拆分成各种可能性，针对不同原因，会产生不同的创想：① 主观意愿——不想起床；② 交通工具——公交车出问题；③ 习惯——动作缓慢；④ 地理——家离学校远；⑤ 天气——极端天气……

2. 空间准备

头脑风暴最好选择在开放而有创意的空间中进行，如果有机会也可以在户外开展。如果是多人参与的头脑风暴，团队成员之间的物理距离以及每个人与粘贴想法的墙面（或白板）之间的距离要合适；如果是围着会议桌召开头脑风暴会议，那么参与者要坐得尽可能紧凑一点；如果会议桌是长方形的，参与者尽可能围坐在桌子的一端；如果是站在墙面（或白板）前进行头脑风暴，每个成员与墙面的距离不应超过 2 米。为什么距离要这么讲究呢？因为头脑风暴是限定时间的，要想"夺得名次"，在限定时间内产生尽可能多的想法，必须保证每个成员的高度投入，如果物理距离过大，人的注意力不容易集中，思想可能会游离。

适合头脑风暴的创意空间有如下特征：① 灵活、可变的空间布置；② 充足的光线、有创意的灯光设计；③ 有趣的色彩设计和创新元素设计；④ 不拘一格的室内陈设及装饰；⑤ 有各种玩具或创意道具；⑥ 营造氛围的创意音乐；⑦ 轻松、和谐的人文氛围。

3. 成员准备

除了空间的因素，人的因素也很重要。为了使头脑风暴达到更好的"产出"效果，参与头脑风暴的人数不能太多（五六个人为宜），并且这些人最好具有不同的专业或职业背景，这样有利于想法的多样性。同时，也需要有一位领导能力强的人来统领这个团队。

4. 材料准备

头脑风暴的材料准备包括两方面：一是工具的准备，包括墙面，白板（或大白纸），不同颜色、不同形状的便签，黑色大头笔（或彩笔），计时工具。二是视听素材的准备，包括与创意主题相关的一些图片、音频和视频内容，以便启发团队成员开启创新话题。

例如，在"为盲人设计实用用品"的创想环节，可以准备国外针对盲人的类似设计方案，用于启发创意和打开思路。还可以准备一些有关盲人过马路、吃饭、运动等日常生活的内容，这些素材可加深学生对盲人用户需求的理解。

（三）头脑风暴的原则

头脑风暴与体育比赛一样，也是有规则的。如果没有规则，也就没有适合团队合作的框架结构，那么头脑风暴很可能变成自由参加、成果甚微、说的人多而听的人少的混乱聚会。每个组织都有自己关于头脑风暴的不同规定，IDEO 有头脑风暴专用房间，而且将规则清清楚楚地写在墙上：暂缓评论、异想天开、借"题"发挥、不要跑题、一次一人发言、图文并茂和多多益善[1]。这些规则中最重要的是"借'题'发挥"。这些规则能够保证头脑风暴的每个参与者都对要解决的问题有所贡献，只有这样才能使项目有机会顺利推进。

---

[1] 详细内容请参考：布朗. IDEO，设计改变一切［M］. 侯婷，译. 沈阳：万卷出版公司，2011.

1. 暂缓评论

暂缓评论就是先不要急于对别人的观点发表是非对错的评论，急于发表评论会打击提出点子者的积极性，且把集体思维的联想打断。这也是对提出点子者的尊重，可以让他们更具信心地表达，也会激起团队成员的创新火花。只有这样，才能使每个成员都积极参与，多出点子，贡献想法，相互借鉴，发散思维，从而获得更多可用的、意想不到的点子，也只有在尽可能多的点子里面，才可能产生最好的点子。

2. 异想天开

你的点子不管好或是不好，只要大声讲出来，就有机会得到另外一个人的共鸣。你觉得烂透了的点子，说不定会和别人头脑中的想法碰撞，产生奇妙的火花。当你把梦想大声说出来，突然之间，梦想就不再遥远了！《牧羊少年奇幻之旅》里说："当你真心渴望某件事时，全宇宙都会联合来帮助你。"当你愿意为自己的梦想勇敢付出时，你的梦想才有实现的可能。请你大声分享自己的点子和梦想，并且骄傲地把自己的点子用便利贴写下来，贴在墙壁上。

3. 借"题"发挥

有些时候别人会提出来很疯狂的点子，虽然从专家的角度看，这个点子行不通，但学生都不是专家，说不定当学生听到这个疯狂的点子时会得到启发、获得灵感，在这个疯狂点子的基础上，提出更实际的方案。头脑风暴鼓励我们巧妙地利用和改进他人的设想。这既是对点子发起人的一种有效的激励，而且也鼓励每个参与者都从他人的设想中得到启示，或补充他人的设想，或将他人的若干设想综合起来提出新的设想等。

所以，只有在暂缓评论的环境下，才能让更多的人借"题"（异想天开的点子）发挥。因此，前三个规则是鼓励出好点子的环境基石。

4. 不要跑题

头脑风暴的讨论，一定要有一个明确的主题，并且围绕着主题来发散思考，不然的话异想天开的结局就是不能收敛。只要不跑题，头脑风暴就会产生一些"可笑"又"夸张"的点子，让大家笑到肚子痛，但这一环节一定是一个让大家情绪高涨、开心快乐的美妙创新之旅。

5. 一次一人发言

遵循一次一个人发言的原则，主要是为了方便做记录，以避免私下交谈或插嘴而干扰别人思维。这也是建立和谐人际关系、创建良好的头脑风暴氛围的重要保证。

6. 图文并茂

尽量将想法以可视化方式呈现，并鼓励标题式概括。通过图画把各种创意的点子画出来，画面上奇形怪状的线条，就像在自己的头脑中建构了一条条神经高速公路，此时此刻，灵光乍现的"创意"才有可能产生。当然，让你更有创意、突破思考框架的方法有很多，但能把自己的想法可视化，特别是画下来，是个有效的方法。因为画图可以帮助我们记忆。思维导图是很不错的视觉化头脑风暴工具（参考第四章"思维导图法"

和"635头脑风暴法")。

7. 多多益善

IDEO一般要求学员在5分钟之内疯狂地汇集100个点子。尽管在头脑风暴过程中,可能会产生一些看起来和问题八竿子打不着的"疯狂"的点子,有些点子甚至看起来很糟糕,但设计思维者的内心要始终有一个意识:足够多的点子,才可能有一个更好的方案。就如诺贝尔奖获得者莱纳斯·卡尔·鲍林的一句话:"要得到好的点子,首先要获得很多点子。"

遵循这几条原则,可确保头脑风暴的速度和品质。

案例

有一年,美国北方格外严寒,大雪纷飞,电线上积满冰雪,大跨度的电线常被积雪压断,严重影响通信。过去,许多人试图解决这一问题,但都未能如愿。后来,电信公司经理应用奥斯本发明的头脑风暴法,尝试解决这一难题。他召开了一种能让头脑卷起风暴的座谈会,参加会议的是不同专业的技术人员,要求他们必须遵守以下原则:第一,自由思考;第二,延迟评判;第三,以量求质;第四,结合改善。

按照这种会议规则,大家七嘴八舌地议论开来,有人提出设计一种专用的电线清雪机;有人想到用电热来化解冰雪;也有人建议用振荡技术来清除积雪;还有人提出能否带上几把大扫帚，乘直升机去扫电线上的积雪。对于这种"坐飞机扫雪"的想法，大家心里尽管觉得滑稽可笑，但在会上也无人提出批评。相反，有一位工程师在百思不得其解时，听到用飞机扫雪的想法后，大脑突然受到冲击，一种简单可行且高效率的清雪方法冒了出来。他想，每当大雪过后，出动直升机沿积雪严重的电线飞行，通过调整旋转的螺旋桨即可将电线上的积雪迅速扇落。他马上提出"用干扰机扇雪"的新设想，顿时又引起其他与会者的联想，有关用飞机除雪的主意一下子又多了七八条。不到1小时，与会的10名技术人员共提出90多条新设想。

会后，公司组织专家对设想进行分类论证。专家们认为设计专用清雪机，采用电热或电磁振荡等方法清除电线上的积雪，在技术上虽然可行，但研制费用大，周期长，一时难以见效。那种因"坐飞机扫雪"而激发出来的设想，倒是一种大胆的新方案，如果可行，将是一种既简单又高效的好办法。经过现场试验，发现用直升机扇雪真能奏效，一个久悬未决的难题，终于在头脑风暴会中得到了巧妙的解决。[1]

（四）创想的汇聚

头脑风暴阶段，大家往往会玩得非常开心，团队成员都会很

---

[1] 本案例整理自网络，详见 http://www.bjdcfy.com/qita/tnfbfalfx/2017-1/772811.html。

享受"动脑"这段快乐的时光。一次富有成效的头脑风暴的成果可能会在墙上（或白板）留下很多不同的想法。但要使我们的项目从产生创造性想法这种令人鼓舞的实践走向问题的解决方案，那么由点子的"发散"向点子的"汇聚"是至关重要的。可以说，头脑风暴的"发散阶段是我们的灵感之源，汇聚阶段则是指向解决方案的路线图"。

　　墙上如此众多的点子，似乎每个点子都是好点子，都是有价值的，那我们该如何取舍呢？每个点子都像是自己养的宠物，不管长得高矮胖瘦、漂不漂亮，想到要抛弃某个点子还真有点不舍！虽然有些点子看似不可行，但如果直接放弃这些点子还可能会阻断好想法的产生。有时好的想法可能就是来自那些看似愚蠢的点子。当大家对几个点子有争议，都不愿意放弃自己点子的时候，IDEO 的处理方式是采用硅谷设计先锋之一的比尔·莫格里奇发明的"蝴蝶测试法"（可参考第四章的"圆点投票"）。

　　"蝴蝶测试法"是一种看似不科学但却出奇有效的程序，它能从大量数据中提炼出几个重要的点子。操作方法是：把少量小便利贴当作"选票"发给每个参与者，然后让大家将选票贴在他们认为应当继续推进的想法上。团队成员在房间里走来走去，检视各个想法，过不了多久就很清楚哪些想法吸引了最多的"蝴蝶"。操作时，团队也可以制订几个投票的原则，如"最喜欢的点子""使用者最需要的点子""最可行的点子""最特别的点子""客户最认同的点子"。这个环节无关民主，但能使团队能力最大化，并汇聚到最佳解决方案上。这一过程虽有些混乱，但令人惊奇的是，它很管用，并能够适应许多组织的特点。

当投票的结果出来后，团队可以在投票的基础上再做一些讨论，最后决定将这里面的哪些想法付诸行动，选出一两个解决方案进入原型制作阶段。蒂姆·布朗将创想的汇聚称之为"……找出一系列精雕细琢式解决方案的最有效途径"。

练习

高中生每天都面对很大的压力：在学校，要面对每天8～9节的文化课和大量的作业；回到家里，又要面对家长的不断施压；在双休日，大家又要应对各种各样的校外辅导班……。试用头脑风暴法，说一说如何帮助高中生们减轻压力、走出困境。

四、原型

（一）原型概述

原型，顾名思义，就是我们最终要实现的产品的雏形，它是介于创想和最终产品之间的一个过程。设计思维的这一环节要求设计者善于利用身边的一切材料，将头脑中的想法用最短的时间和最小的成本付诸实施，提出一个看得见摸得着的解决方案。

运用设计思维来解决问题，是一个将思想转变为行动，并在行动中加以发展和深化的过程。戴维·凯利把原型制作称为"用手来思考"。

📑 **案例**

　　IEDO 受邀为世界上最著名的微创手术技术的领头羊——捷锐士公司设计一款鼻腔手术新器械。项目开始后，设计团队与 6 位耳鼻喉外科医生见面，了解他们如何实施手术，现有器械有哪些问题，他们希望新器械具有哪些新特性。其中一位医生用不太准确的语言和笨拙的手势，描述他希望新器械上有一个类似于手枪柄的东西。设计师们根据医生的描述，马上拿起身边的白板笔、胶卷桶和衣夹等材料，用胶带绑在一起，做成了产品的原型。在场的医生又马上根据该产品原型给出了自己的建议，从而帮助设计师更好地改进产品。[1]

　　由此可见，原型阶段是一系列模拟的整合、迭代，用于分析问题、检验假设及呈现想法，并引发讨论，以促成想法的成熟和实现。

（二）原型的价值

　　原型制作在整个设计思维流程中虽然比较靠后，但却具有非常重要的意义。IEDO 有一个非常著名的比喻："一图胜千言，一个原型胜过一千次会议。"蒂姆·布朗把原型阶段形容为："像其

---

[1]　案例详细内容请参考：凯利，利特曼．创新的 10 个面孔［M］．刘金海，刘爽，周惟菁，译．北京：知识产权出版社，2007.

他孩子一样，我通过动手来思考，用实物激发自己的想象力。这种从具体到抽象再回到具体的过程，是我们用来探索宇宙、释放想象力并向新的可能性敞开心扉的一个最根本的过程。"[1]

1. 原型有助于外化和优化团队的智能

通过制作原型能够将一个抽象的想法或概念变成人们可以感知的东西，其最直接的意义就在于将团队的集体智能外化；并且，原型使团队不断谈论但是却看不见的创意变成现实中可知、可感的一种物品、一种服务、一种流程或者一次体验，从而使一直通过语言交流的创意概念有了具体的承载方式，能够给人留下直观的印象；同时，原型也是团队成员进行深入讨论与沟通的基础。相较于只是观点上的交流，原型交流针对性和目标感更强，大大提升了工作效率。

📄 案例

　　在 d. school 的设计思维课堂上，学员们接受了一个创新挑战：如何为企业保持活力提供持续动力？为此，学员们进行了大量的调研：他们走访了刚刚创立的公司，还走访了已经有十年、二十年以上历史的公司，以及许多学校和百年老店等。对管理人员和普通员工进行了深入的采访和观察后，他们发现：当人们对自己所从事的工作感兴趣

[1]　布朗.IDEO，设计改变一切［M］.侯婷，译.沈阳：万卷出版公司，2011.

并且信念坚定的时候，大家往往会同心同德、勇往直前，公司的效率也会很高；但如果情况正好相反，公司的运营状况也会急转直下。通过以上分析，他们提出的创想是：为企业家和员工朋友搭建一面愿景墙。让企业家及员工的愿景在一定程度上植入企业的价值观，形成这家企业独特的气质和文化场。

于是，团队成员开始讨论如何搭建这个愿景墙，产生了大量有趣的点子，并且围绕这些主意七嘴八舌、争论不休，但项目还只是停留在观点阶段。直到培训教练走过来，指着桌子上的计时器说："现在你们还有15分钟，15分钟后我要看到一面真实的愿景墙。"这时，大家才恍然大悟：我们说的太多，做的太少了。于是，大家这才开始分头找来大白纸、绒布、锡纸、双面胶、报纸、纸板和彩笔等，立即投入行动。因为时间有限，设计团队成员进行了简单的分工，各司其职，整个过程中没有讨论，项目推进得非常迅速。15分钟后，一面崭新的愿景墙矗立在大家的面前了。[1]

可见，在短时间内爆发出的大量可视化成果，需要每个团队成员的思考、贡献，更需要队友的信任、配合和相互激励及启发的"实做"。原型制作不仅有助于把团队成员的集体智能外化，还

---

[1] 案例详细内容可参考：王可越，税琳琳，姜浩.设计思维创新导引 [M].北京：清华大学出版社，2017.

有助于通过原型制作来帮助团队快速厘清重点，挑出最有潜力的点子来实现。

2. 原型有助于促进用户的反馈

原型就是把创想阶段所提出的解决方案，用简单的实验模型，快速、廉价地测试或验证概念、设计假设等，以便团队可以做出适当的改进或探索可能的方向。原型最显著的优势就是拿着它可以直接跟用户沟通并寻求反馈。所以，原型的最大用处就是让我们快速而低成本地试错。

案例

有一次，我在做设计思维工作坊时，让学生完成一个旨在"提升学生课堂提问乐趣"的设计挑战，学生们对当下课堂提问存在的各种各样的问题进行头脑风暴，最后提出了"做一款产品——改变提问方式"来优化课堂提问流程的创想。

为了优化课堂提问的流程，各小组成员用水杯做成抽签筒，在每个签杆上写上事先准备好的问题，后面附有二维码标签，扫二维码就可得到问题的答案。此外，同样的问题后面可以有好几个二维码，代表着同一问题可以有几个不同的参考答案。

调整课堂提问流程的这个原型深受学生们的欢迎。这个抽签筒虽是用普通的水杯代替的，但根据这个新的发现，有几个同学发挥自己的聪明才智，在后期对抽签筒进行了进一步的优化：用笔筒代替了水杯，并且使外包装更卡通化。这样的改进更符合中学生的认知习惯，通过抽签筒这种游戏化的课堂提问方式，增进了教师课堂提问的趣味性，也增强了师生间的情感认同。

可见，为了检验我们的创意还存在哪些问题，制作一个低精度的简易模型有助于探索创想的多个不同方向，而不是早期就把所有精力都专注在一个创意上。就像有专家警告的那样："如果你过快地把一个想法固定下来，你会沉迷于它；如果你过早地去细化它，你会被它束缚住，这将使你很难继续探索，以寻求更好的方案。要有意保持早期原型的本色状态。"

注重培养学生动手的习惯和能力，不仅有助于让学生检验自己构想的方案是不是具有真实的可操作性，更能帮助学生打破"完美主义"，在实践中找到优化解决方案的新思路，而不是纸上谈兵。原型最重要的价值就在于让脑海中的疑问得到解答，让解决方案的方向得到校正；原型制作也是实验精神的较好展现。

3. 原型有助于更深入的共情

原型制作，对于设计师而言可能被认为是为了获得用户反馈，而事实上更主要的目的是通过这一环节获得更深入的"共情"。很多时候，设计师们会通过制作共情原型来理解问题并了解用户对相关问题的看法。在设计思维中，共情原型在帮助我们深入探究某些问题或领域时非常有用。因此，在建构共情原型之前，需要我们弄清楚想深入探究用户或环境的哪些方面。然后，建构可以有效评估这些方面的原型。共情原型最显著的特征就是有很强的"带入感"。例如，制作一款桌面游戏，帮助孕妇解决生活中的问题，为美团骑手设计接单产品……在这些服务或产品的原型制作环节，要在保证功能的同时，关注终端客户对产品的感受和体验。

4. 原型有助于探索和激发新的灵感

在生活中，"想"和"做"是两种截然不同的活动方式，但是，在设计思维中，"想"和"做"是完全统一在一起的，并且我们可以把"做"看成是"想"的延伸，"做"是"想"的源泉，所谓"用手思考"，实际上指的是心手合一，即想到哪里做到哪里，做到哪里想到哪里。

案例

我在给高一学生做"送给老师的礼物"工作坊时，一位学生高中数学成绩很好，他把原因归结为初中的数学老师为他打下了很好的数学基础。为此，他非常想感谢自己的初中老师，想送给他一份特别的礼物。他们组在一开始调研的时候只是草草地问了问老师的需求（其实没有得到多少有用信息），就想当然地认为，我们的数学老师很辛苦，为了教我们，头发都快掉光了，因此想研究一款生发水，帮助老师避免脱发。进入原型阶段后，他们发现市面上各种生发护肤品非常多，自己要送的礼物没什么特别之处，而且制作该款产品的难度又非常大。这时他们灵机一动，回想自己的数学老师每次在上数学课时都抱着一大堆教具——三角尺、圆规、量角器等等，非常不方便，于是他们临时改成了"制作一款多功能尺规套装"送给自己的老师，最后制作出了有很好体验感的原型。

上面这个案例足以说明：原型制作过程会有多次迭代、反复和推倒重来，而每一次的制作过程都是一次非常有趣的学习活动，都是一次非常有益的"思维体操"，正是这一次次新的探索和"推倒重来"，推动着我们的创新方案和灵感越来越趋于完美。

5. 原型有助于降低犯错的成本

设计思维在原型阶段非常重要的理念是："不要怕犯错，而要以尽量低的成本犯错，尽早地犯错。""失败得越多越早，成功就越快来临。"[1]IDEO 原型制作提倡"适可而止"，提倡"恰到好处的模型"。也就是说，在原型制作上投入的时间、精力和投资，只要能获得有用的反馈并推进想法前进就足够了。

现在，设计师已经可以利用高精度激光切割机、电脑 3D 辅助设计工具和 3D 打印设备来制作一些仿真度极高的原型作品。

---

[1] 布朗.IDEO，设计改变一切[M].侯婷，译.沈阳：万卷出版公司，2011.

不过，这样的作品造价较高。有一次，世界上最著名的办公室家具公司——世楷（Slcas）公司的一位高管把一个制作精巧、细节逼真的威克达椅（Vecta）的泡沫塑料模型当作实物去坐，结果毁掉了一个价值 4 万美元的模型。

为了避免浪费，设计思维的许多案例都有一个共同特点：想法能够通过适当的媒介表达出来，并展示给别人以获得反馈就足矣了。例如，精密的胰岛素注射器，原型是用乐高积木搭的；软件的界面是用便利贴做出的模拟界面；银行的创新柜台是用胶带把泡沫塑料板粘在一起做成的。

（三）原型的形式

很多人刚开始都不知从何下手去制作原型，事实上原型并不一定是实物模型，而是一种代指，所有由想法演化而成的可被感知和测试的东西，都可以叫作原型。原型的形式是多种多样的：可以是贴满便利贴的一面墙、一个简单的装置、几幅手绘草图、一个故事板或一段视频；也可以是一项服务、一种虚拟体验、一种组织架构；甚至可以是一段角色扮演；等等。用 IDEO 总裁蒂姆·布朗的话说："可以让我们探索、评估某个想法，并将其向前推动的实实在在的东西，就是模型。"

原型根据精度的不同，有不同的表现形式。刚开始制作的一般是低精度的模型，能够起到获得快速反馈的作用就行；后期，随着对各种功能不断增加的要求以及基于对外观的更为精确的把握，可能需要制作更高精度的模型；当接近成品时，要进行打样，也就是按 1∶1 的比例进行制作，以便在正式面世前对产品进行最后的审视和微调。

1. 纸质原型

生活中最常见的原型就是纸质原型。纸质原型适合在一些对产品的形状、大小或者属性等不需要特别精确的场景中进行测试。纸质原型的制作工具和材料都很简单，成本也很低，通常就是纸（板）、胶水、剪刀等。

2. 故事板

故事板源于影视业，也称"电影故事板"，也可译为"故事图"，原意是安排电影拍摄程序的记事板。在影视业，故事板相当于一个"可视剧本"，它会用表格、图示的方式说明影像的构成，将连续画面分解成许多分镜头，并且标注每个镜头的时间长度、对白、特效等。由此可见，故事板是导演在影片制作中与剧组人员沟通的重要工具。它让导演、摄影师、布景师和演员在影片开拍之前，对镜头建立起统一的视觉概念。

借用这个概念，设计思维在原型阶段也可以用故事板来表示各个角色、场景、事件是如何串联在一起的，从而给人们带来一个完整的体验。

3. 用户体验历程图

用户服务体验历程图，就是用视觉化方式呈现用户为达成某一目标所经历过程的工具。通过创建历程图，能够更好地理解目标用户在特定时间里的感受、想法和行为，认识到这个过程是如何演变的，寻找用户的关注点。

客户体验历程图最基本的创建模式是：首先在时间框架下填入用户的目标和行为，随后填入用户的感受和想法，当用户故事逐渐完善，再通过视觉化的方式予以呈现，最终服务于团队交流与设计洞察。图 1-12 是外卖订餐用户体验历程图的模板。

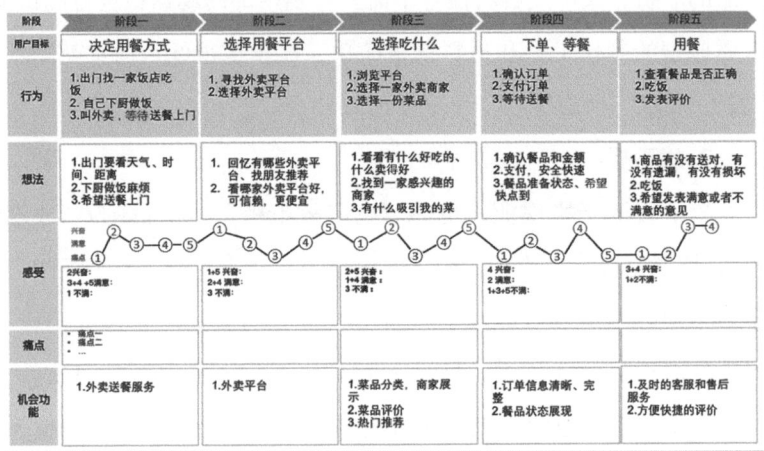

阶段	阶段一	阶段二	阶段三	阶段四	阶段五
用户目标	决定用餐方式	选择用餐平台	选择吃什么	下单、等餐	用餐
行为	1.出门找一家饭店吃饭 2.自己下厨做饭 3.叫外卖，等待送餐上门	1.寻找外卖平台 2.选择外卖平台	1.浏览平台 2.选择一家外卖商家 3.选择一份菜品	1.确认订单 2.支付订单 3.等待送餐	1.查看餐品是否正确 2.吃饭 3.发表评价
想法	1.出门要看天气、时间、距离 2.下厨做饭麻烦 3.希望送餐上门	1.回忆有哪些外卖平台、找朋友推荐 2.哪家外卖平台好，可信赖，更便宜	1.看看有什么好吃的、什么卖得好 2.找到一家我感兴趣的商家 3.有什么吸引我的菜	1.确认餐品和金额 2.支付，安全快速 3.餐品准备状态，希望快点到	1.商品有没有送对，有没有遗漏，有没有损坏 2.吃饭 3.希望发表满意或者不满意的意见
感受	2兴奋： 3+4+5满意： 1不满：	1+5兴奋： 2+4满意： 3不满：	2+5兴奋： 1+4满意： 3不满：	4兴奋： 2满意： 1+3+5不满：	3+4兴奋： 5满意： 1+2不满：
痛点	· 痛点一 · 痛点二				
机会功能	1.外卖送餐服务	1.外卖平台	1.菜品分类、商家展示 2.菜品评价 3.热门推荐	1.订单信息清晰、完整 2.餐品状态展示	1.及时的客服和售后服务 2.方便快捷的评价

图 1-12　外卖订餐用户体验历程图模板

在图中，我们从用户想要点餐的这个场景中，构思了从点餐到用餐完毕的整个流程，站在用户的角度梳理出在这个场景下用户可能的想法和进行的动作，并且将它们提炼为功能需求。

如"选择吃什么"阶段，用户的动作会包括浏览平台、选择外卖商家、选择菜品等几个动作，用户的每一个动作都对应着他此时的想法，这些想法总结起来就是用户希望在外卖平台上可以快速、便捷地找到自己喜欢的外卖餐品，这就要求外卖平台的产品能够清晰、直观地向用户展示外卖商家和商家菜单，甚至能为用户进行精准的推荐。

4. 物理模型

物理模型就是让二维的点子在三维空间中实现。当下，随着 3D 打印技术的发展，好点子马上就可以呈现在我们面前。

如果精度要求不高，可以利用身边的一些常见物品，如杯子、花盆、纸板、软布、彩纸、泡沫板、积木等来制作物理模型。如果需要制作精细一些的模型，可以通过 CAD 等建模软件来实现模型的设计，通过 3D 打印机来实现物理模型的制作。

案例

我校是上海市著名的航空航天特色学校，校园内布满了各种各样的航空航天元素，我在带学生围绕"让学校更美好!"这一主题进行设计思维工作坊训练时，有两组学生根据他们的观察和调研，提出学校的航空航天特色还有很多可以加强的地方，集思广益提出了自己的改进想法，并完成了自己的模型制作。如，一组学生觉得学校的航空航天元素众多，但初来乍到的参观者不知道该从哪里看起，需要有一张导引图，于是他们制作了一张手绘的"校园航空航天特色观摩导引图"；另一组学生觉得学校的航空航天元素还不够，应该更丰富，更有内涵，他们制作了火箭形状的洗手液瓶、飞机形状的香皂盒（见图 1-13、图 1-14）；还有一组学生设计了具有航空航天元素的校服等等。

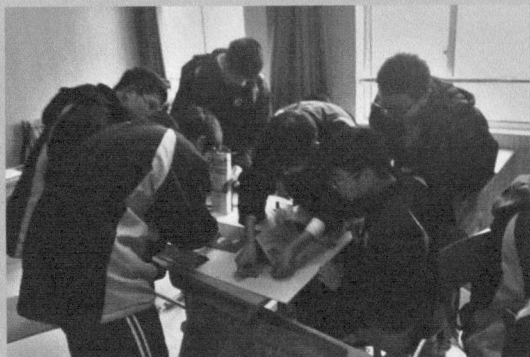

图 1-13　学生制作火箭形状的洗手液瓶模型

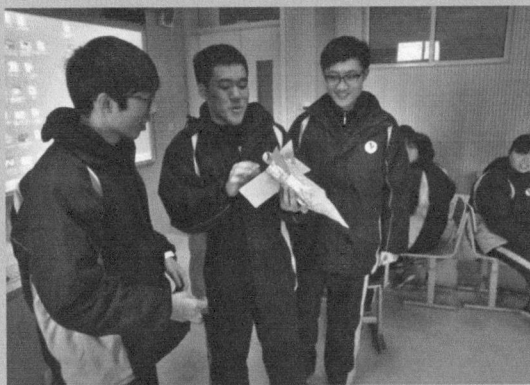

图 1-14　学生制作模型时的场景

5. 角色扮演

角色扮演不仅仅是提升同理心的重要方法，也可以是设计思维原型阶段常用的一种方法。尤其是面向一种服务或流程来解决问题的时候，角色扮演可以发挥其独特的沉浸式体验作用。设计思维提倡对任何能够想得到的情形进行角色扮演，这不仅可以为设计团队的进一步测试提供许多新的想法，而且还能让设计团队对这些想法到底有多好有更准确的理解。可以说，没有哪些调研工作或模拟可以获得与角色扮演同样的效果。

6. 视频短片

无论是纸质原型，还是故事板、用户体验历程图、物理模型或角色扮演，都有一个共同的缺点——不便大规模传播。如果你希望自己的原型有更广泛的受众，并能够得到远方受众的大量反馈，可以考虑用制作视频的方法来呈现原型，甚至可以在抖音等平台上发布你的作品。视频制作不需要多少技巧（尤其是今天的 AI 时代），因为设计思维的视频关注的并不是画面有多么精美，而是视频传递的内容以及视频的角色是真人出镜还是用动画方式呈现。

（四）模型制作关注的要点

1. 快速而廉价

制作模型的关键要点就是"快速"。不要花太多时间去思考和寻找材料，身边的任何一种材料都可以被拿来制作模型。如纸箱、布条、废旧耳机线、塑料瓶，甚至 A4 纸，这些成本低廉、随处可得的物品都可以派上用场。

制作的过程也要快速，不要投入过多情感去修饰细节，做到"恰到好处"就行。在制作模型上投入的时间、精力和金钱，只要能获得有用的反馈并推动想法前进就足够了。复杂度越高，花费越多，模型看起来就越像"已经完成"了的产品，那它的制作者就不太可能从反馈中获益，甚至连反馈意见都不愿意听。也就是说，模型做得越逼真，可能得到的反馈越有限。

在模型制作上过分投入会有多个坏处：精美的模型可能会使团队成员将一个平庸的想法坚持到最后；精美的模型会使模型制作过程丧失以最小付出发现更好主意的机会；精美的模型如果最后被放弃，会造成人、财、物的浪费。

正如蒂姆·布朗所言："成功的模型不是那个完美无缺的模型，而是那个能教会我们某些东西，关于我们的目标、我们的进程以及我们自身的模型。"[1]

制作快速而廉价的模型的好处在于非常直观，不但有利于厘清自己的思路，也有助于对方更好地理解你的想法，得到具体而有效的反馈。而且，廉价的模型还有一个好处：团队成员可以自己制作模型，而不是总想着外包给别人来做出更精美的模型。因为廉价的模型，才是我们想要的结果。

2. 完成比完美好

为了使原型制作能够提速，重要的是要尽量缩短"想"的时间，而努力把"做"的时间提前。

📄 案例

在一期 TED 演讲中，彼得·斯基尔曼介绍了一个有趣的设计挑战，让不同的团队 PK，看谁能够在规定的时

---

[1] 布朗.IDEO，设计改变一切［M］.侯婷，译.沈阳：万卷出版公司，2011.

间内用 20 根意大利面和胶带搭建出最高的建筑物，且建筑物要足够稳固（保证一颗棉花糖放在上面都不会倒塌）。究竟什么样的团队能够搭建出最高的建筑物呢？比赛结果出乎所有人的意料——表现最糟糕的竟然是商学院刚毕业的学生，而公司管理者的表现甚至不如幼儿园的小朋友们！

原来，大多数人在接到这个任务的时候，会先想一下自己在团队中的角色，然后开始讨论如何去做。每个人都在脑海里建构着模型，一些人则开始在纸上画起了草图，着手实施，所有人的注意力都集中在如何搭建一个完美的建筑物上……开始倒计时了，有人拿出了棉花糖，轻轻往建筑上一放，不幸的是，看似分量很轻、不起眼的一颗棉花糖竟然使整个结构变形并倒塌！幼儿园的小朋友们是怎么做的呢？就像平时搭积木一样，他们当然不会像成人一样去想那么多，只是不断动手搭建着造型"奇特"的建筑，中间还不时地把棉花糖放上去，看看会怎样，就这样反反复复，他们竟然完成了挑战！也许他们搭建的不是最高的建筑，但他们的建筑的确还挺稳固！[1]

思考题：成人为什么比不过幼儿园的小朋友？

---

[1] 案例详细内容可参考：王可越，税琳琳，姜浩.设计思维创新导引［M］.北京：清华大学出版社，2017.

这个案例足以说明：由于成人长期以来一直被灌输着"三思而后行"的观念，使得成人在做事之前总是想得太多，习惯在动手前先想清楚，在脑海中制订计划、建构模型、设想未来……等到把脑海中觉得很完善的构想真正拿去执行的时候，才发现还有这样那样的问题。台湾不一样思考社有句名言，"坐而言不如起而行"，就很好地诠释了在设计思考中"行动"的重要性。设计思维提倡先把事情做成，再考虑把事情做好，认为完成比完美更好。

3. 用手来思考

设计思维进入原型阶段后，需要将我们的精力从头部直接转向双手。蒂姆·布朗说得好："模型制作总有启发作用——不是在完美艺术品意义上，而是相反，因为模型制作能够激发新想法。"

首先，用手来思考，可以让自己的想法"更快地"得到检验。不要等想法完善了再去做，而是有了雏形就立刻挽起袖子开始做；在做的过程中，才能知道这个想法是否正确、可行。没有一个人可以聪明和自信到想到一个主意，就可以确保它是最有效的。试了才知道，结果也许是出乎意料的惊喜，即便失败了也没有关系，最重要的是在试的过程中，学到新的东西或者找到新的方向，至少可以排除掉一个错误的方法。

其次，用手来思考，让具体的道具成为你思考的"跳板"。其实人的大脑并没有我们想象中那么厉害，很多时候我们也要像小孩子一样，借助道具不断摸索。别忘了，触觉可以扩展我们的视觉，把想法具象化的过程可以让你发现更多。利用一张纸板、几根彩笔，甚至纸箱中取出来的塑料泡沫，把你脑海中的东西画出来或者做出来，或许会在不知不觉中激发你新的灵感。

最后，用手来思考，让你的试错转化为价值。做出模型之后，哪怕它很简陋，也要赶紧拿出来听取他人的反馈，并根据反馈不断修正。借助不断的反馈来修正和改善想法，是整个思考过程中很重要的一部分，可以避免浪费时间和做无用功。互联网打破了时空的限制，产品在生产之前就开始预售，这已经越来越成为常态，对我们每个人来说，是不是也需要把"预见"未来的观念转变为"遇见"未来呢？那么，开始动手吧，就在今天！

练习

请你尝试做一个能够帮助高中生减轻学习压力的原型，并在课上交流自己在原型制作过程中的心得。

五、测试

蒂姆·布朗说："创新被定义为'完美执行的好主意'。"[1]令人遗憾的是，现实生活中，很多情况下人们过于注重好的主意，但忽略了执行，使很多好主意最后被搁浅。我们的好主意之所以会失败，是因为当下人们已经不再满足于漂亮包装中产品性能的优异，而是越来越在意产品是否有完美的使用体验。例如，现代人已经不再关注"像砖头一样耐用"的手机了，而是更加关注手

---

[1] 布朗.IDEO，设计改变一切［M］.侯婷，译.沈阳：万卷出版公司，2011.

机的使用体验。接着,我们来到了设计思维流程的最后一步——测试。

(一)测试概述

设计思维的测试就是把"模型制作"环节做出来的模型拿来验证,得到回馈,再改善、优化、验证,反复进行迭代。测试环节提供了一个很好的机会,可以让设计师更深入地去了解用户,并且为修正解决方案提供依据。

案例

2015年春运前夕,12306网站因为奇葩的登录验证码而遭到全国网友的疯狂吐槽。起因是铁路系统在设计平台时,为了安全考虑采用了貌似有趣但实际很麻烦、很费时的验证码登录方式。显然,这种登录方式没有充分考虑到客户期待能够简单快捷购买到指定车票顺利回家的诉求,反而给用户带来了痛苦的购票体验,最终导致用户的负面体验迅速发酵,对铁路系统的口碑造成了很大的影响。

因此,测试环节就是要求我们忘记自己的"专家"身份,尽可能地秒变"小白",虚心地利用测试的机会感同身受地再次向客户学习。生活中,我们经常使用"专业"这个词,也会想尽办法来达到职业化要求的目标。但有时过于"专业"也会阻碍我们由优秀迈向卓越。设计思维提倡我们要保持初心,持续地共情用户,从而产生新的洞察，为下一次设计和迭代提供全新的灵感。

对参与设计思维创新团队的每个人来说中，每一次测试都是一个充满期待的过程，在前期经历了大量调研、挖掘洞察、重新定义问题、释放创想并制作原型后，终于有机会将结果讲给人听，或拿给人看，这个时候大家心中既兴奋又激动，迫切希望看到被测试者脸上喜悦的表情。因此，在测试之后，整个团队必须快速向利益相关者征求反馈意见和建议，而测试用户提供的有价值的建议又会成为下一步决策的基础。

测试的结果：有可能需要重新制作原型，然后反复测试、不断迭代；可能让你感同身受，更好地理解你的用户；还有可能发现当初的需求点没找对，需要重新定义问题，于是从定义问题开始进入一个新的再循环的过程。但无论怎样，测试可以帮我们朝正确的方向更近一步。测试的目的，要看需求者的问题是不是真的得到了解决。测试不可能一蹴而就，是不断试错的过程，对培养大家的耐心和抗挫折能力是一个很好的机会。

（二）测试的方法

通过上面的测试案例可以看出，有效的测试需要有适当的测试方法来配合。针对不同的原型，测试的方式也有所不同。如果是实物原型的话，可以让用户拿在手上或者放到实际生活场景中尝试使用；如果是体验设计的原型，则可以在一个合适的空间做场景模拟，也可以让用户以角色扮演或完成指定任务的方式进行体验。

📄 **案例**

视觉之春（VisionSpring）是印度的一个低成本视力保健提供商，它提供了一个测试在实施中发挥关键效用的良好案例。视觉之春一直以来仅向成人出售老花镜，后来希望拓展自己的业务，全面开展儿童视力保健服务工作。为此，视觉之春经常组织自助小组"护眼营"并培训教师，以便让他们意识到护眼的重要性，并能够将孩子们送到当地的护眼中心进行保健治疗。

"护眼营"经常要检查孩子的视力情况。在一次对15名8～12岁的儿童进行视力检查时，一个小女孩因传统视力检查方法造成的巨大压力，一下就哭了，这使得无效视力检查的可能性增大。为了减轻这种情境对孩子的压力，设计师请孩子们的老师来检查这位孩子，情况并未好转。此时，设计师灵机一动，请这位女孩来检查她的老师的视力。这个方法非常有效，小姑娘不仅不哭了，还非常认真地对待这个检查任务，她的同班同学们则非常羡慕地看着她。最终，设计师让这些孩子们相互检查视力并讨论这个过程，顺利地完成了孩子们的视力测试。[1]

---

[1] 案例详细内容可参考：王可越，税琳琳，姜浩.设计思维创新导引［M］.北京：清华大学出版社，2017.

这个案例说明，角色扮演是一种很好的测试方式，通过角色扮演与模拟能更全面地找出问题并加以解决。

生活当中更多的是实物原型，我们可以让用户把这些实物模型拿在手上或者把它们放到实际生活场景中尝试使用，然后根据使用的情况及客户的反馈来判断原型的优劣。

所有测试的目标只有一个：在测试过程中得到新的启发，从而形成原型改进的新想法，为进一步的原型迭代做准备。

（三）测试的原则

在进行原型测试时，须遵循一些行之有效的原则。

1. 测试是访谈，而不是推销

原型测试的首要要求就是，我们只需给用户营造体验的环境，让他们去感受，看他们是怎么用的，哪里使用得不得当，而不需要对原型进行过多解释，更不需要推销自己的"产品"。有专家建议在测试时可以采取"80% 对 20%"的方案。"80% 对 20%"的方案是：用户体验和反馈的时间最好不低于80%，而我们开口说话的时间最多占20%。我们要做的就是采用访谈的方式提问、观察、倾听，只有让用户尽情地体验并多讲，才有可能使更多、更好的改进机会逐步显现。苹果公司前 CEO 乔布斯曾经说过："我们在测试的时候最好笨拙一点，让用户比我们聪明，才能提供给我们更多有用的信息。"

2. 测试时不争辩，用户都是对的

测试是一个与用户交流的过程，这个过程就是要想尽一切办

法让用户把测试的体验真实地反馈出来。为了能让客户把更多的体验表达出来，营造良好的测试氛围就非常重要了。这个环节可以借鉴头脑风暴的"暂缓评论"和"多多益善"的两大原则，就是要让用户把原型测试（体验）的感受充分地讲出来，我们先不要急于对别人的反馈发表个人的主观评论，要坚持"用户永远是对的"的原则，这样才能鼓舞测试者的积极性，把自己体验和测试的想法主动讲出来，我们要想尽办法鼓励他们，讲的越多越好。

3. 一次只测试某一方面

为了防止输入过多信息造成测试的混乱和不充分，可以采取一次只测试某一方面功能的方法。这样，用户针对这个功能才会有更深入的体验，才可能产生更有价值的信息，推动我们产出新创意。

4. 鼓励用户持续测试

这就要求我们在测试过程中不断与用户互动，鼓励他们不断地探索。为了鼓励用户进行深入而愉快的探索，可以问一些有趣的开放性问题，让用户把可看、可摸、可用的模型拿在手上进行有趣的测试。在用户测试并体验后，我们可以追问一些问题，如：你用过的感受是什么？可以再跟我们讲一讲吗？为什么？可以跟我们讲一讲为什么测试对你不起作用？这样的追问可能更有价值，也更容易把测试推向深入。

5. 设计良好的容错机制

测试环节对设计思维者的心态是一个考验，那就是要建立良好的容错机制，树立"挨骂才会赢"的测试理念。尽管在原型阶段，大家付出了非常多的努力制作出了原型，但在测试阶段却不能把注意力过多地放在原型本身，而是要仔细观察客户的反应。我们不仅仅要观察用户说了什么，还要观察其身体语言。总之，通过一切有效的方式来获得用户对原型的测试反馈。即"尊重每一个反馈，不管你喜欢与否"。也就是说，在制作原型的环节要假想自己是对的，用强烈的信念促使自己做出有创意的作品，而在测试环节我们就要强烈地假想自己是错的，抓住机会去倾听反馈。

案例

台湾大学"设计思考工作坊"的一些同学在回顾工作坊的历程时说：对我们这些生手来说，制作原型是个混乱的过程。而真正混乱的，还不只是制作原型，而是在测试时"挨骂"的片段。

测试时，斯坦福的资深教练布先生一开门就说："把我当作你们的使用者，进行第一次测试。我现在要做什么？"等一群人七嘴八舌解释完，布先生还是一脸茫然："我到底该做什么？"

"嗯……喔，那就请你先搭上我们的巴士吧……"想要设计老人社交巴士的小组说。

布先生坐进刚才30分钟内"盖"出来的巴士后，组员们开始解释这个社交巴士如何运作：可以开着它去载其他老人，车上的老人可以彼此聊天，最后的目的地会是公园或是可以进行娱乐的地方，结束后还会载大家回家。

这时，布先生忍无可忍地说："虽然你们解释了很多，但我真的不知道我要做什么。从头到尾只听到你们在解释。你们说我可以在巴士上和其他老人聊天，但根本没有人跟我聊天啊！你们说巴士可以载我回家，但测试结束后我也没有到家啊！"

布先生又说："测试重要的是塑造出一个让使用者可以使用这个服务的情境，让他真的去用，而不是一直听你解释。你也要设身处地去为使用者想，这么多人突然把所有注意力都放在自己身上，即使不是老人的你也会觉得不舒服吧？另外，你们要测试的重点，根本不是这辆巴士，而是老人们坐上车后，是否真的可以很自然地聊天。所以巴士本身不重要，不如直接来个人跟我坐在一起，真正模拟在巴士里出现的情况，然后观察我们会不会互动。"

"最后，如果你的服务很重要的一点是接送老人回家，那你们刚才为什么不问我下一站要去哪里？如果你们问了，然后护送我到那个地方去，不就可以测试出使用者对于'接送'这件事的感觉了吗？"[1]

---

[1]　本案例详细内容请参考：黄菁嫩，黄稚晏，李亭仪，等.斯坦福大学改变年轻人未来的一堂课[M].北京：同心出版社，2013.

"挨骂才会赢"不仅表明你有足够的勇气站出去挨骂，而且要把那些愿意"骂你"的人当作"极其重要的资源"。这些"骂声"最大的价值就在于能够帮助你在成本还很低的时候，快速地修正原本的不足。设计思维最重要的目的是帮助我们解决问题，同时也教导我们要把外界的批评当作最好的朋友。尤其是在测试阶段，目的就是要得到使用者的反馈，进而修改迭代成果。所以，如果使用者诟病你的设计或是大声指出他不喜欢、不认同的地方，你作为设计思考者，应该感到像挖到一座金矿一样开心！

对设计思维思考者来说，测试正应了生活中的那句老话，"屡战屡败，屡败屡战"。早期的多次失败在设计思维中确实是一笔重要的财富。正所谓，只有当东西被"打破"时，学习才真正开始。也就是说，要正确地看待行为和目标、过程和结果之间的关系，始终以用户为中心，以需求为导向，相信我们距离成功会越来越近。

（四）测试结果的总结

通过测试环节搜集回来各种各样的反馈信息之后，团队接下来要做的事情就是对这些反馈信息进行梳理和分析。这个时候，一张测试反馈表（见图1-15，另参见第四章的"测试反馈表"）就非常有用，它是一个很好用的视觉化的工具。这个工具也可以在测试现场使用，用来收集反馈信息。

这张测试反馈表有四个象限：① 测试中用户喜欢的内容是

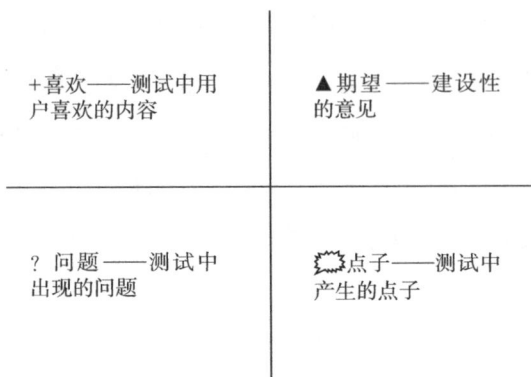

+喜欢——测试中用户喜欢的内容

▲ 期望——建设性的意见

? 问题——测试中出现的问题

点子——测试中产生的点子

图 1-15　测试反馈表

什么？② 用户的建设性意见有哪些？③ 测试中发现的问题是什么？④ 测试中产生的新点子是什么？

在这些反馈的信息全部被视觉化呈现之后，团队内部还需要进行讨论、评估，选出对项目成功至关重要的建议，然后将这些有价值的信息融入解决方案的设计中，再重新制作新的原型。如果对反馈结果分析之后发现需求都没找准，那么或许还需要重新回到那面贴满了信息的"墙"前，即"同理心"阶段所梳理出来的信息，重新定义问题。

六、设计思维流程的再认识

第一，设计思维的五个步骤不是线性的。设计思维的五个步骤看上去是有规律的线性关系，但在实践过程中会经常出现循环往复，而每一次的循环往复都是在不断修正解决方案，在不断创新中向前推进，真正贯彻"以人为中心"的理念。

　　第二，设计思维的流程是个动态过程。设计思维虽然从环节上看很简单，但每个环节都有很丰富的内涵，并充满挑战。对于熟练掌握设计思维流程的人来说，他们已经做得非常流畅了，甚至可以不需要去思考现在进行到第几个阶段了。就像学驾驶的人一样，学习的时候只能遵从教练教的方法来练，当熟练掌握驾驶技术之后，其实在驾驶过程中可能忘记了当初的一些技巧。设计思维作为方法论，是来自实践的总结，随着实践越来越丰富，人们也会不断总结出更多实用的方法。也就是说，设计思维操作方法本身也是随着实践的发展而动态变化的，现在大家所看到的设计思维方法论，也只能说是先行者们个体实践的"切片总结"，未来还会有更大的发展潜力。

　　第三，设计思维须在实践中灵活运用。初学设计思维者，一般都是遵循步骤指引一步步去操作，很担心做错什么或遗漏什么，但这样往往会忽略了我们可以在特定情境下灵活地理解、运用和升华。学习者切不可在对设计思维的流程有了一些了解，做了一两轮的实操后，就以为完全掌握了设计思维的精髓。其实任何理论都存在着提升和发展的"空间"，留待后来的实践者补充和完善。我们要做的就是在每一次实践后，不断思考和总结，对理论有一些"再创新"，不断丰富、升华，并能以另外的话语去诠释。

　　第四，让设计思维成为我们的人生姿态。任何标准化的方法只是给我们提供一个参照系而已。学习设计思维最重要的不是学习方法论本身，而是将设计思维的理念和思想渗透到每一个创造性的工作中去，让它内化到你的血液中，而不用去想形式上的流程。最高的境界就是"无"的境界，即忘掉方法论，自然而然地用这样的思维和方式去做事，从头到尾都是自然流动的状态。

所以，设计思维非常强调心念（mindset）的方法论，心念强调的是你要抱着一个怎样的信念和态度去做这件事。学习也同样需要树立正确的心念，无论学习什么，不拘泥、不钻牛角尖，更不要迷信，辩证看待、灵活运用，并结合自己的所在环境和文化情境，在积极实践中不断摸索和升华，这才是我们应有的正确态度。

第二章　设计思维的理论基础

设计思维创新方法与许多现代教育理论密切相关，本章主要介绍对设计思维影响较大的建构主义学习理论和杜威的"在做中学"教育理论。

第一节　设计思维与建构主义学习理论

建构主义源于瑞士著名心理学家皮亚杰关于儿童认知的发展理论，后经维果茨基、奥苏贝尔、布鲁纳等人的共同推动，逐步形成了影响当下教育前沿的主流教育理论，被称为"教育心理学的一场革命"。

一、建构主义学习理论

建构主义主张世界是客观存在的，而人们对事物的理解却是由每个人自己决定的。不同的人由于原有经验不同，对同一事物会有不同理解。建构主义学习理论认为：学习是引导学生从原有经验出发，生长（建构）起新的经验的过程。

（一）建构主义学习理论的认识论基础

皮亚杰独创的"发生认识论"被公认为 20 世纪发展心理学上最权威的理论，该理论也成为建构主义的主要理论基础。所谓认知发展是指个体自出生后在适应环境的活动中，对事物的认知及面对问题情境时的思维方式与能力表现，随年龄增长而逐步改变的历程。

皮亚杰的"发生认识论"认为，主导儿童认知发展有四个基本概念：图示、同化、顺应和平衡。

1. 图示

图示就是人在认识周围世界的过程中，形成自己独特的认知结构。所谓的认知结构，可以理解为我们对于某事物的认识。如：多次遇到不同的小狗后，儿童形成了对"狗"的基本理解，包括狗的体型特征、生活习性、典型行为等，这就是儿童对狗的"图示"。

而人类所有的心理反应归根到底都是适应，适应的本质在于取得机体与环境的平衡。机体和环境最初处于平衡状态，当新刺激出现时，机体与环境之间的平衡状态便被打破。此时机体与环境之间出现了不平衡状态。不平衡会使人感觉不舒服，从而产生通过变化来适应环境的强烈愿望。适应的方式有同化和顺应。通过同化和顺应，机体再次取得和环境之间的平衡，如图 2-1 所示。

2. 同化

同化就是不改变原有的认知结构，直接将新刺激纳入，这时图示只产生量变。

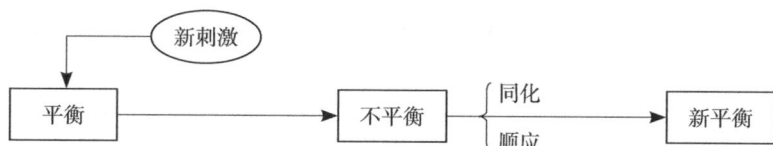

图 2-1 机体与环境之间的动态平衡

例如，我们通过观察猫、狗、猪等动物，初步形成了对哺乳动物的认知——"胎生、长毛、四条腿、在陆地上行走"，这就是我们对于哺乳动物的图示。若此时出现了一个新刺激，如"马"，虽然我们之前没有见过马，但我们仍然可以通过我们对于哺乳动物的认识将其纳入，这种适应的方式叫作同化，原有图示没有根本变化，只是得到了新的充实。

3. 顺应

顺应就是当原有认知不能解释新刺激时，就需要改变原有认知，以适应新刺激。这时图示产生质变。

仍以前文所说的哺乳动物为例，若此时出现的新刺激是"鲸"，我们原有的对哺乳动物的认知结构不能解释鲸这一物种，于是就需要改变哺乳动物的图示，使其更加精确化（即哺乳动物不一定长毛，不一定在陆地上行走，只需要"胎生"即可，当然这不是最精确的图示），这种适应的方式就叫作顺应，原有图示需要改变以适应新刺激。在同化和顺应的过程中，图示从低级不断变得高级，从而实现认知的发展。

4. 平衡

平衡就是如上例所描述的，儿童通过主体和客体的相互作用，即通过同化或顺应，使认识达到一个新的水平，恢复平衡状态。认识的发展就是从平衡到不平衡再到平衡的过程。

（二）建构主义的学习含义

建构主义认为，知识不是通过教师传授得到的，而是学习者在一定的情境即社会文化背景下，借助其他人（包括教师和学习伙伴）的帮助，利用必要的学习资料，通过意义建构的方式获得的。正是由于学习是在一定的情境即社会文化背景下，借助其他人的帮助即通过人际协作活动而实现的意义建构过程，因此建构主义学习理论认为，"情境""协作""会话""意义建构"是学习环境中的四大基本要素。

1. 情境

学习环境中的情境必须有利于学生对所学内容的意义建构。这就对教学设计提出了新的要求，也就是说，在建构主义学习环境下，教学设计不仅要考虑教学目标分析，还要考虑有利于学生建构意义的情境的创设问题，并把情境创设看作是教学设计的最重要内容之一。

2. 协作

协作发生在整个学习过程中。协作对学习资料的搜集与分析、假设的提出与验证、学习成果的评价直至意义的最终建构均有重要作用。

3. 会话

会话是协作过程中不可缺少的环节。学习小组成员之间必须通过会话，商讨如何完成规定的学习任务并完成学习计划；此外，协作学习过程也是会话过程，在此过程中，每个学习者的思维成果（智慧）为整个学习群体所共享，因此会话是达到意义建构的重要手段之一。

4. 意义建构

意义建构是整个学习过程的最终目标。所要建构的意义是指事物的性质、规律以及事物之间的内在联系。在学习过程中帮助学生建构意义就是要帮助学生对当前学习内容所反映的事物的性质、规律以及该事物与其他事物之间的内在联系达到较深刻的理解。这种理解在大脑中的长期存储形式就是前面提到的"图示"，也就是关于当前所学内容的认知结构。

由以上所述的"学习"的含义可知，学习的质量是学习者建构意义能力的函数，而不是学习者重现教师思维过程能力的函数。换句话说，获得知识的多少取决于学习者根据自身经验去建构有关知识的意义的能力，而不取决于学习者记忆和背诵教师讲授内容的能力。

（三）建构主义学习理论分类

根据学习主体和学习方式的差异，建构主义学习理论分为个体建构主义和社会建构主义。

1. 个体建构主义

个体建构主义认为，学习是一个意义建构的过程，学习者通过新、旧知识经验的相互作用来形成、丰富和调整自己的认知结构。学习是一个双向的过程，一方面将新知识纳入已有的认知结构中，获得了新的意义；另一方面，原有的知识经验因为新知识的纳入，而得到了一定的调整或改组。如，探究式学习就是个体建构主义观点在具体教学中的运用。

2. 社会建构主义

社会建构主义认为，学习是一个文化参与的过程，学习者通过参与某个共同体的实践活动来建构有关的知识。学习不仅是个体对学习内容的主动加工，而且需要学习者进行合作互助。可见，社会建构主义更关注学习和知识建构背后的社会文化机制，认为不同文化、不同环境下个体的学习和问题解决存在着很大的不同。

（四）建构主义学习的方法

建构主义提倡在教师指导下的、以学习者为中心的学习。在强调学习者的认知主体作用的同时，也不忽视教师的指导作用，教师是意义建构的帮助者、促进者，而不是知识的传授者与灌输者。学生是信息加工的主体，是意义的主动建构者，而不是外部刺激的被动接受者和被灌输的对象。学生要成为意义的主动建构者，就要在学习过程中从以下几个方面发挥主体作用：① 学生要主动用探索法、发现法去建构知识的意义；② 学生要在知识意义建构的过程中主动搜集并分析有关的信息和资料，对所学习的问题要提出各种假设并努力加以验证；③ 要尽量把当前学习内容所反映的事物和自己已经知道的事物相联系，并对这种联系进行认真的思考。"联系"与"思考"是意义建构的关键。如果能把联系与思考的过程与协作学习中的协商过程（即交流、讨论的过程）结合起来，则学生建构意义的效率会更高，质量会更好。

二、建构主义教学思想

建构主义的教学思想主要反映在它的知识观、学习观、学生观、教师观、教学原则和教学模式等 6 个方面。

（一）建构主义知识观

首先，建构主义认为，知识不是对现实的纯粹客观的反映，任何一种传载知识的符号系统也不是绝对真实的表征。它只不过是人们对客观世界的一种解释、假设或假说，不是问题的最终答案，也必将随着人们认识程度的深入而不断地变革、升华和改写，从而出现新的解释和假设。

其次，知识并不能准确无误地概括世界的法则，无法提供适用于任何活动或能解决任何问题的实用方法。在具体的问题解决中，知识不可能是一劳永逸的，而是要针对具体问题的情境对原有知识进行再加工和再创造。

最后，知识不可能以实体的形式存在于个体之外，尽管语言赋予了知识一定的外在形式，并且使其获得了较为普遍的认同，但这并不意味着学习者对这种知识有同样的理解。真正的理解只能由学习者基于自己的经验背景而建构，取决于特定情况下的学习活动过程。否则，就不叫理解，而是死记硬背或生吞活剥，是被动的复制式的学习。

（二）建构主义学习观

首先，学习不是由教师把知识简单地传递给学生，而是由学生自己建构知识的过程。学生不是简单被动地接收信息，而是主动地建构知识的意义，这种建构是无法由他人来代替的[1]。

其次，学习不是被动接收信息刺激，而是主动地建构意义，是根据自己的经验背景，对外部信息进行主动的选择、加工和处理，从而获得自己的意义。外部信息本身没有什么意义，意义是学习者通过新旧知识经验间反复的、双向的相互作用过程而建构成的。因此，学习不是行为主义所描述的"刺激—反应"过程。

再次，学习意义的获得，是每个学习者以自己原有的知识经验为基础，对新信息重新认识和编码，建构自己的理解。在这一过程中，学习者原有的知识经验因为新知识经验的进入而发生调整和改变。

最后，同化和顺应是学习者认知结构发生变化的两种途径或方式。同化是认知结构的量变，而顺应则是认知结构的质变。同化—顺应—同化—顺应，循环往复，平衡—不平衡—平衡—不平衡，相互交替，人的认知水平的发展，就是这样一个过程。学习不是简单的信息积累，而是包含着新旧知识经验的冲突，以及由

---

[1] 王颖，马建平.近二十年杜威教育思想研究综述［J］.安庆师范大学学报（社会科学版），2022，41（03）：81-89.

此而引发的认知结构的重组。学习过程不是简单的信息输入、存储和提取，而是新旧知识经验之间相互作用的过程，也就是学习者与学习环境之间互动的过程。

（三）建构主义学生观

首先，建构主义强调，学习者并不是空着脑袋进入学习情境中的。在日常生活和以往各种形式的学习中，学习者已经形成了相关的知识经验，他们对任何事情都有自己的看法和想法。即使有些问题他们从来没有接触过，没有现成的经验可以借鉴，但是当问题呈现在他们面前时，他们还是会基于以往的经验，依靠他们的认知能力，形成对问题的解释，提出他们的假设。

其次，教学不能无视学习者的已有知识经验，简单强硬地从外部对学习者进行知识的"灌输"；而是应当把学习者原有的知识经验作为新知识的生长点，引导学习者从原有的知识经验中生成新的知识经验。教学不是知识的传递，而是知识的处理和转换。教师不单是知识的呈现者，不是知识权威的象征，教师应该重视学生对各种现象的理解，倾听他们的看法，思考他们这些想法的由来，并以此为据，引导学生丰富或调整自己的认知。

再次，学生是教学活动的积极参与者和知识的积极建构者。建构主义要求学生面对和认知真实世界的复杂情境，并在其中完成任务，因而，学生需要采取一种新的学习风格、新的认识加工策略，形成"自己是知识与理解的建构者"的心理模式。

最后，学生要用探索法和发现法去建构知识的意义。在建构意义的过程中要求学生主动搜集和分析有关的信息资料，对所学的问题提出各种假设并努力加以验证。要善于把当前学习内容与自己已有的知识经验联系起来，并对这种联系进行认真思考。联系和思考是意义建构的关键。它最好的效果是与协商过程结合起来而产生的。

总之，建构主义学生观的核心是：学生是学习活动的主体，教师的教学要尊重学生的原有经验，要开展自我探索、主动探究的自主学习活动。建构主义虽然非常重视以学生为主体的自我探究或共同探究，但是也不否认外部引导，即教师的影响作用。

（四）建构主义教师观

第一，教师是学生建构知识的忠实支持者。教师的角色从传统的传递知识的权威转变为学生学习的辅导者，成为学生的高级伙伴或合作者。教师应该给学生提供复杂的真实问题，激励他们对要解决的问题提出多重观点。学生不仅必须开发或发现这些问题，而且必须认识到复杂问题有多种答案。教师必须创设一种良好的学习环境，学生在这种环境中可以通过实验、独立探究、合作学习等方式来展开学习；教师应认识到，教学目标包括认知目标和情感目标，教学是逐步减少外部控制、增强学生自我控制学习的能力的过程。

第二，教师要成为学生建构知识的积极帮助者和引导者，应当激发学生的学习兴趣，引发和保持学生的学习动力。通过创设符合教学内容要求的情景和提示新旧知识之间联系的线索，帮助学生建构当前所学知识的意义。为使学生的意义建构更为有效，教师应尽可能组织协作学习，展开讨论和交流，并对协作学习过程进行引导，使之朝着有利于意义建构的方向发展。

　　总之，建构主义教学相比传统教学，要求学生承担更多的管理自己学习的责任；教师应当注意使机会永远处于维果斯基提出的"学生最近发展区"（详细介绍请见后文"支架式教学"部分），并为学生提供一定的辅导。

（五）建构主义教学原则

　　① 把所有的学习任务都置于为了使学生更有效地适应未来世界的学习中。② 教学目标应该与学生的个人经验相符合，教师确定的问题应该使学生感到就是他们本人的问题。③ 设计真实的任务。真实的活动是学习环境的重要特征。教师应该在课堂教学中使用真实的任务和日常的活动或实践，整合多重的内容或技能。④ 设计能够反映学生在学习结束后就从事有效行动的复杂环境。⑤ 给予学生解决问题的自主权。教师应该刺激学生的思维，激发他们自主解决问题。⑥ 设计支持和激发学生思维的学习环境。⑦ 鼓励学生在社会真实背景中检测自己的方案。⑧ 支持学生对所学内容与学习过程进行反思，发展学生的自我控制技能，使学生成为独立的学习者。

（六）建构主义教学模式

　　综合以上内容，我们可以为建构主义学习理论的教学模式画像："以学生为中心，在整个教学过程中由教师起组织者、指导者、帮助者和促进者的作用，利用情境、协作、会话等学习环境要素，充分发挥学生的主动性、积极性和首创精神，最终使学生有效地建构起对当前所学知识的意义。"在这种模式中，学生是知识意义的主动建构者；教师是教学过程的组织者、指导者、意义建构的帮助者、促进者；教材所提供的知识不再是教师传授的内容，而是学生主动建构意义的对象；媒体也不再是帮助教师传授知识的手段、方法，而是用来创设情境、进行协作学习和会话交流，即作为学生主动学习、协作式探索的认知工具。

在建构主义的教学模式下，有几个比较成熟的教学方法：

1. 支架式教学

支架式教学是为学习者建构对知识的理解提供的一种概念框架。支架原本指建筑行业中使用的脚手架，在这里用来形象地描述一种教学方式：儿童被看作是一座建筑，儿童的"学"是在不断地、积极地建构着自身的过程；而教师的"教"则是一个必要的脚手架，支持儿童不断地建构自己，不断"建造"新的能力。支架式教学是以苏联著名心理学家维果斯基的"最近发展区"理论为依据的。维果斯基认为，在测定儿童智力发展水平时，应至少确定儿童的两种发展水平：一种是儿童现有的发展水平，一种是儿童的潜在发展水平，这两种水平之间的区域被称为"最近发展区"。教学应从儿童现有的发展水平开始，不断创造新的"最近发展区"。支架教学中的"支架"应根据学生的"最近发展区"来建立，教师可通过支架作用不停地将学生的智力从当前水平引导到更高水平。

支架式教学由搭脚手架、进入情境、独立探索、协作学习、效果评价等环节组成。

2. 抛锚式教学

此种教学要求建立在有感染力的真实事件或真实问题的基础上。确定这类真实事件或问题被形象地比喻为"抛锚",因为这类事件或问题一旦被确定,整个教学内容和教学进程也就被确定了(就像轮船被锚固定一样)。建构主义认为,学习者要想完成对所学知识的意义建构,即达到对该知识所反映事物的性质、规律以及该事物与其他事物之间联系的深刻理解,最好的办法是到现实世界的真实环境中去感受、去体验(即通过获取直接经验来学习),而不是仅仅聆听别人(例如教师)关于这种经验的介绍和讲解。由于抛锚式教学要以真实事例或问题为基础(作为"锚"),所以有时也被称为"实例式教学""基于问题的教学"或"情境性教学"。

抛锚式教学由创设情境、确定问题、自主学习、协作学习、效果评价等环节组成。

3. 随机进入式教学

由于事物的复杂性和问题的多面性,要全面了解和掌握事物内在性质和事物之间的相互联系,真正达到对所学知识的全面而深刻的意义建构,是很困难的,从不同的角度考虑往往可以得出不同的理解。为克服这方面的弊病,在教学中就要注意对同一教学内容,要在不同的时间、不同的情境下,服务于不同的教学目的，用不同的方式加以呈现。换句话说，学习者可以随意通过不同途径、不同方式进入同样教学内容的学习，从而获得对同一事物或同一问题的多方面的认识与理解，这就是所谓"随机进入式教学"。显然，学习者通过多次"进入"同一教学内容将能达到对该知识内容比较全面而深入的掌握。这种多次进入，绝不是像传统教学那样，只是为巩固一般的知识、技能而实施的简单重复。这里的每次进入都有不同的学习目的，都有不同的问题侧重点。因此，多次进入的结果，绝不仅仅是对同一知识内容的简单重复和巩固，而是使学习者获得对事物全貌的理解与认识上的飞跃。

随机进入式教学由呈现基本情境、随机进入学习、思维发展训练、小组协作学习、学习效果评价等环节组成。

三、建构主义设计原则

建构主义学习理论强调以学生为中心，认为学生是认知的主体，是知识意义的主动建构者；教师只对学生的意义建构起帮助和促进作用，并不要求教师直接向学生传授和灌输知识。经过不断的探索和教育技术的进步，专家们逐步建立起一套能与建构主义学习理论及建构主义学习环境相适应的全新的教学设计理论与方法体系，建构主义的教学设计原则也日益明晰。

（一）强调以学生为中心

明确"以学生为中心"，这一点对于教学设计有至关重要的指导意义，因为是从"以学生为中心"出发，还是从"以教师为中心"出发,将得出两种截然不同的设计结果。至于如何体现以学生为中心,建构主义认为可以从三个方面努力:① 要在学习过程中充分发挥学生的主动性,要能体现出学生的首创精神;② 让学生有多种机会在不同的情境下去应用他们所学的知识(将知识"外化");③ 让学生能根据自身行动的反馈信息来形成对客观事物的认识和解决实际问题的方案(实现自我反馈)。

(二)强调"情境"对意义建构的重要作用

建构主义认为,学习总是与一定的社会文化背景(即"情境")相联系,在实际情境下进行学习,可以使学习者利用自己原有认知结构中的有关经验去同化和引导当前学习到的新知识,从而赋予新知识以某种意义。如果原有经验不能同化新知识,则要引起"顺应"过程,即对原有认知结构进行改造与重组。总之,通过"同化"与"顺应"才能建构起新知识的意义。在传统的课堂讲授中,由于不能提供实际情境所具有的生动性、丰富性,因而学习者在对知识的意义进行建构时将产生困难。

(三)强调"协作学习"对意义建构的关键作用

建构主义认为,学习者与周围环境的交互作用,对于学习内容的理解(即对知识意义的建构)起着关键性的作用。这是建构主义的核心概念之一。学生们在教师的组织和引导下一起讨论和交流,共同建立起学习群体并成为其中的一员。在这一群体中,成员们共同批判性地考察各种理论、观点、信仰和假说;进行协商和辩论，先内部协商（即和自身争辩到底哪一种观点正确），然后再相互协商（即对当前问题摆出各自的看法、论据及有关材料，并对别人的观点作出分析和评论）。在这样的协作学习环境中，学习者（包括教师和每位学生）的思维与智慧就可以被整个群体共享，即整个学习群体共同完成对所学知识的意义建构，而不是其中的某一位或某几位学生完成意义建构。

（四）强调对学习环境的设计

建构主义认为，学习环境是学习者可以在其中进行自由探索和自主学习的场所。在此环境中，学生可以利用各种工具和信息资源（如文字材料、书籍、音像资料、实验器材、多媒体课件以及网上的信息等）来达到自己的学习目标。在这一过程中，学生不仅能得到教师的帮助与支持，而且学生之间也可以相互协作和支持。学习应当被促进和支持，而不应受到严格的控制与支配；学习环境则是一个支持和促进学习的场所。在建构主义学习理论指导下的教学设计应针对学习环境的设计而非教学环境的设计。因为，教学意味着更多的控制与支配，而学习则意味着更多的主动与自由。

（五）强调利用各种信息资源来支持"学"

为了支持学习者的主动探索和完成意义建构，在学习过程中要为学习者提供各种信息资源（包括各种类型的教学媒体和教学资料）。这些媒体和资料并非用于辅助教师的讲解和演示，而是用于支持学生的自主学习和协作式探索。而信息资源应如何获取、从哪里获取，以及如何有效地加以利用等，是学生在主动探索过程中迫切需要教师提供帮助的内容。

（六）强调学习过程的最终目的是完成意义建构

在建构主义学习环境中，我们强调学生是认知主体，是意义的主动建构者，所以把学生对知识的意义建构作为整个学习过程的最终目的。教学设计通常不是从分析教学目标开始，而是从如何创设有利于学生意义建构的情境开始，整个教学设计过程紧紧围绕"意义建构"这个中心展开，不论是学生的独立探索、协作学习还是教师辅导，学习过程中的一切活动都要从属于这一中心，都要有利于完成和深化对所学知识的意义建构。

四、设计思维与建构主义学习理论的关系

设计思维与建构主义是密切相关的。建构主义学习理论是设计思维创新实践的理论基础，而设计思维的创新方法是建构主义学习理论的最好实践场。两者的具体关系体现在以下几个方面：

首先，建构主义学习理论强调以学生为中心，认为学习的过程是学生对知识的主动探索、主动发现和对所学知识意义的主动建构。这种理念在设计思维中体现为以用户为中心的设计思想，即设计的过程应该是对用户需求、期望和行为的主动探索和理

解，然后基于这些理解来创造有意义、有价值的设计。设计思维"以人为本"的创新理念在课堂教学中则充分体现为"以学生为中心"。

其次，建构主义学习理论强调学习情境的重要性，认为学生的学习是与真实的或类似于真实的情境相联系的。在设计思维中，这意味着设计者需要深入了解用户所处的实际环境和情境，包括文化、社会、物理环境等，以便更好地理解和满足用户的需求。同时，设计者也需要通过原型制作、用户测试等方式将设计置于实际情境中进行评估和改进。这有助于设计者在实际操作中不断优化和调整设计方案，使之更贴近用户需求。

再次，建构主义更强调协作学习在知识建构过程中的作用，认为学生们的学习活动，就是在教师的组织和引导下一起讨论和交流。学生们应共同建立起学习群体并成为群体中的成员，群体成员共同批判性地考察各种理论、观点、信仰和假说，并通过深入的内部协商和相互协商讨论，使学习者（包括教师）的思维与智慧可以被整个群体共享，最终共同完成整个学习群体对所学知识的意义建构。设计思维也非常重视群体合作学习。无论是在问题定义前的同理心阶段，还是解决问题的头脑风暴阶段，或是在原型制作阶段，小组合作来完成任务是非常重要的。设计思维就是通过建立异质（可以理解为不同学术背景和个性特长）的学习群体来实现专家思维的。

最后，建构主义学习理论强调运用多种教学方式来促进学生建构知识的意义，其中最典型的就是"支架式教学"。支架式教学的核心要义就是教师从学生发展的"最近发展区"出发，通过巧妙地设计支架，帮助学生由现在的发展水平开始，不断向潜在的发展水平迈进。设计思维在学习的各环节都要运用各种教学思维工具来支持学生的创新实践（参考第四章、第五章内容）。

第二节　设计思维与杜威的"从做中学"教育理论

约翰·杜威（John Dewey，1859—1952），美国著名哲学家、教育家，实用主义哲学的创始人之一，美国进步主义教育运动的代表。杜威建构了完整的现代教育理论体系，他提出"教育即生活""学校即社会"，强调知与行，主张"从做中学"，在世界教育史上占有重要地位。

杜威的理论是现代教育理论的代表，区别于传统教育"课堂中心""教材中心""教师中心"的"旧三中心论"，他提出"儿童中心（学生中心）""活动中心""经验中心"的"新三中心论"。而"从做中学"是杜威关于教学的基本原则。

杜威在其教育思想中重新定义了"经验"的概念。他认为"经验"是机体与环境相互作用的过程和结果，是主动与被动的统一，是连续的、动态的发展，是探究、反思的行动。而教育可以看作是"经验的改造"。通过个体与环境的互动，经验不断被赋予新的价值和意义。杜威的实用主义教育思想在教育中的表现，便是"教育即生活、生长，即经验改造"；在实际教学中的应用，便是"从做中学"。

一、"经验中心"理论——教育即"生活、生长"和"经验改造"

杜威将"从做中学"的思想贯穿于教学过程、课程设计、教学方法和教学组织形式等各个方面。杜威的实用主义教学理论是深刻且多元的，他的教育理论的核心是"最好的教育是从生活和经验中学习"。据此，他提出了自己关于教育本质的看法，即"教育是生活本身""学校即是社会"。

（一）"教育是生活本身"

杜威认为教育是孩子目前生活的一部分，而非对未来生活的准备。他指出："生活本身就是成长，而持续的成长和发展即是生活的本质。"[1]因此，最有效的教育方式是"在生活和经验中学习"。教育的目的在于为孩子提供一个充分成长和生活的环境。生活即是成长的过程，孩子的成长便是他们本能成长过程的一部分，杜威因此强调："成长是生活的本质，所以教育便是促进成长。"他认为教育不应强制孩子吸收外界的知识，而是应促使人的天生能力得以发展。因此，教育的目标不是外在的，而是嵌入在教育过程当中。

（二）"学校即是社会"

杜威认为，既然教育是社会生活的一部分，学校便是社会生

---

[1] 张亚南. 21世纪以来我国对杜威教育思想的研究［J］. 河北能源职业技术学院学报，2020，20（02）：3-6.

活的缩影。他强调学校应该是"一个小社会,一个社会的初步模型"[1]。在学校中,应将实际的社会生活简化成为一个初级阶段,使其反映孩子当前的社会生活状态。具体而言,杜威提出学校必须是一种社会生活,拥有完整的社会意义;校内外的学习应相互联系,自由地互相作用。杜威还提出学校作为特殊环境,应具备三个主要功能:① 简化和整合发展所需的各种元素;② 净化和理想化现有的社会习俗;③ 创造一个比青少年所处的自然环境更广阔、更美好的平衡环境。

二、"从做中学"理论——以儿童为中心,以活动为中心,以经验为中心

"从做中学"理论反对传统的以教师为中心的教育方式,主张学校的生活和组织应当围绕儿童展开,因为这样更符合儿童的天性和需求。他认为,儿童不仅是教育的出发点和中心,也是教育的目标。以儿童为中心,将儿童的本能和兴趣置于教学的首位,教学中要设计能够引起儿童兴趣的活动来吸引儿童。

(一)"从做中学"是自然发展进程的开始

杜威在《民主主义与教育》一书中把儿童和青少年的学习分成三个阶段,并指出在第一阶段,学生的知识表现为聪明、才力,就是做事的能力。人们最初的知识和最牢固保持的知识,是

---

[1] 陈冠宇,刘恕华.卡尔·罗杰斯人本理论对现代教育观的启示 [J].吉林工程技术师范学院学报,2020,36(03):48-52.

关于怎么做的知识，例如怎么走路、怎样吃饭、怎样读书、怎样写字等。而孩子自然成长的过程总是包含着"从做中学"的情景。儿童能在自身的活动中进行学习，并因此开始他的自然的发展进程。杜威认为，美国许多进步学校的实验表明，正是通过"从做中学"，儿童得到了进一步的生长和发展，获得了关于怎样做的知识。

（二）"从做中学"是儿童天然欲望的表现

杜威认为，儿童身上蕴藏着充满生机的冲动，生来就有一种天然的欲望，要做事，要工作。在儿童本能的发展上，不仅主动的方面先于被动的方面，而且儿童本能的力量，即实现自己冲动的要求是压制不住的。特别应该指出，"从做中学"完全与儿童认知发展的第一阶段特征相适应。杜威在《民主主义与教育》一书中举了一个例子：用木块从事建筑活动的儿童，希望他的木块越堆越高且不要倒塌，但是当积木堆得太高而倒塌时，他会愿意从头开始，表现出要做事的强烈愿望。在杜威看来，教育者应该对儿童的这种天然欲望加以引导和发展。如果教育者能对活动加以选择、利用和重视，以满足儿童的天然欲望，使儿童在那些真正有教育意义的活动中进行学习，那也许是儿童的一个有益的转折点。

（三）"从做中学"是儿童的真正兴趣所在

"兴趣就是一个人和他的对象融为一体"。杜威认为，生长中的儿童的兴趣主要是活动。对于儿童来说，重要的最初的知识就是做事或工作的能力，因此，他对"从做中学"就会产生一种真正的兴趣，并会用一切的力量和感情去从事使他感兴趣的活动。儿童真正需要的就是自己怎样去做，怎样去探究。因此，要使儿童在学校的时间内保持愉快和忙碌，就必须让他们有事可做，而不要整天静坐在课桌旁。杜威还认为，无论是成人还是儿童，都需要有一定的有待克服的困难，使他对他所做的事情有充分的强烈的意识，对他所做的事具有强烈的兴趣。从做中学，儿童肯定会遇到困难和障碍，但是，儿童善于运用内心的自制力来克服外界的困难，从而产生喜悦的心情，满足个人需要，促使个人兴趣的发展。

三、"学以致用"理论——教育即"实践活动"和"五步教学法"

杜威认为，"从做中学"也就是"从活动中学""从经验中学"，它使得学校里获得的知识与生活过程中的活动联系了起来，儿童能从那些真正有教育意义和感兴趣的活动中学习，从而有助于儿童的成长和发展。

（一）教育即"实践活动"

杜威认为，人们最初获得的也是最为牢不可破的知识，往往是关于如何执行某项操作的[1]。因此，教育的过程应当是一系列实

---

[1]　贾林祥.心理学基本理论研究［M］.南京大学出版社，2019：262.

践活动的过程。在杜威眼中，若孩童缺乏实践的机会，则其天性的发展会受到阻碍。孩童天生就有进行活动和工作的渴望，对于这种活动的兴趣非常浓厚，这一点需要得到充分的重视。

（二）"五步教学法"

杜威把教学过程看作是"做"的过程，他认为"制作"的冲动或兴趣是人的主要本能之一，知识经验均是在主客体的相互作用，即生活过程中得到的，强调儿童应从实际活动中学习，主张学校应成为雏形社会，设立各种工厂、实验室、厨房、农场等，让学生从事他们感兴趣的活动。在活动中，学生为了解决实际问题会去收集有关资料，确定问题所在，并提出各种假设。为此，杜威提出的教学过程是：① 安排真实的场景（创设情境）；② 在情境中设置刺激思维的课题（明确问题）；③ 作出解决疑难的假定（提出假设）；④ 从活动中去验证假定（解决问题）；⑤ 根据验证成败得出结论（检验假设）。这就是杜威著名的"从做中学"五步教学法。

由此可见，在杜威的教育观念中，"学以致用"的理念占据了核心地位，这一观念在挑战旧式学校教育方法的同时被他强调。杜威提倡"学以致用"即是通过活动、通过亲身体验来学习，这种方式能够将学校中的知识学习与日常生活的实践活动相结合。

四、设计思维与"从做中学"理论的联系

杜威"从做中学"的教育思想与设计思维在许多方面都有着紧密的关联。

首先，两者都以实践为核心，强调实际应用和动手能力的重要性。杜威强调实践的重要性，认为学习应该紧密结合实际生活，主张通过实践来解决问题，实现创新。在教育领域，这意味着要将理论知识与实际操作相结合，让学生在实践中掌握知识，形成技能。这一观点与设计思维大力提倡的"动手思考"创新理念不谋而合。

其次，两者都尊重"以人为本"的教育理念。"从做中学"强调以儿童为中心，主张学校的生活应从儿童的天性和需求出发，依据儿童的兴趣和天性来开展教学活动。把儿童当成教育的出发点和中心，更是教育的目标。这种教育理念与一切为了用户、用户需求至上、"以人为本"的创新理念异曲同工。

最后，"从做中学"五步教学法与"设计思维"的五步创新流程可以互相借鉴。"从做中学"提出的"创设情境—明确问题—提出假设—解决问题—检验假设"五步教学法与设计思维提出的"同理心—定义—创想—原型—测试"的五步创新流程，无论是在创新理念还是在创新思维方法上都有基本一致的精神内涵，可以互相借鉴、互相促进，不断创新。

第三章 设计思维与核心素养

设计思维是一种"像设计师一样思考"的复杂能力，这一能力体现在设计者设计产品、解决问题、提供服务的过程中。教师的"设计思维"是从学生角度出发，运用技术工具与设计方法，创造、开发和采纳新的知识框架从而解决问题，生成创新性教学方法并以设计制品形式表达的思维方式。在教育教学视角下，"教学设计者"是基于学习者素养培养需求，选择合适的教学内容、规划教学路径、集聚教学资源、设计学习活动的，而其背后的设计思维正是教师不可或缺的核心素养，同时也指向了学生核心素养培育的过程。

第一节 核心素养概览

什么是素养？什么是核心素养？核心素养与素养又是什么关系呢？我国很早就有"素养"一词，如《汉书·李寻传》："马不伏历，不可以趋道；士不素养，不可以重国。"不过，"素养"作为教育领域的一个专用名词，其词义发生了很大的变化。

一、素养与素质

《现代汉语词典》中"素质"一词的释义为：事物本来的性质，心理学上指人的某些先天的特点。"素质"就其本义而言指的是人生而有之、先天具备的东西。从这个角度来说，素质是与生俱来的、先天的，是人发展的基础、可能性和条件，对一个人发展的水平和质量有着重要的甚至是决定性的影响。"素养"在《现代汉语词典》中的解释为：由训练和实践而获得的技巧或能力。"素养"就其本义而言是后天习得的，可以通过培养而获得和提高。一个人的天赋（素质）如果得不到适合的教育和训练是不可能得到发展的，尤其不能发展成为专业性的素养。教育使人成其为人，人的很多素养都是教育的产物。康德在《论教育学》一书中强调，"人是唯一必须受教育的被造物"。卢梭也指出："植物的形成由于栽培，人的形成由于教育。"

威利斯（A. I. Willis）认为基础教育领域的"素养"这一概念，至少经历了三次比较重大的内涵演变：① 素养即技能；② 素养即学校里传授的知识素养；③ 素养即社会文化的创造。在第一个阶段，教育的主要目的是培养学生具备初步的读写能力，具备读写技能的人就是有素养的人。在第二个阶段，依据社会发展的需求，在听说读写这些基本技能的基础上，着力培养学生的科学素养、阅读素养、数学素养和信息素养等各类专门的功能性素养，让学生掌握与之相关的知识和技能，以适应社会发展的需要。在第三个阶段，人们进一步认识到素养是社会文化、教育、人的心灵的互动和建构过程，学生仅仅通过学校学习被动地掌握相关的功能性素养还不够，还要主动置身于社会进步、民族复兴与文化繁荣的实践之中，与巨变的社会同频共振，在其中着力发展自身的批判性素养，培养创新能力[1]。

二、核心素养

从教育的视角看，素养是个体通过教育（包括正规教育和非正规教育）获得的能够学以致用的知识、能力和态度的综合体现。为了应对科学技术和信息技术飞速发展所带来的一系列日新月异的变化，世界各国和国际组织纷纷开始探讨如何才能让当下的教育适应未来的发展，为未来培养能够胜任各项挑战的创新型人才。早在1997年，经济合作与发展组织就启动了"素养界定与选择：理论与概念基础"研究项目，并为国际学生评估项目提供了研究的理论基础和评价框架。其研究成果报告《为了成功人生和健全社会的核心素养》于2003年发表，从而奠定了经合组织核心素养的基本框架。随后，"核心素养"这一概念得到世界各国的广泛认可。

当今世界，无论是各国际组织还是各国家，均致力于满足21世纪信息时代公民生活、职业世界和个人自我实现的新特点和新需求。因此，"核心素养"的别称即"21世纪素养"（21st century competences）或"21世纪技能"（21st century skills）。例如，研究核心素养最著名的国际组织为经济合作与发展组织和欧盟，前

---

[1]　常生龙.核心素养与学习的变革［M］.上海：上海教育出版社，2020.

者的核心素养框架的总名称为"为了新千年学习者的 21 世纪技能和素养"（*21st century skills and competences for new millennium learners*），后者的核心素养框架则是建立在前者研究的基础上，其名称为"为了终身学习的核心素养"（*key competences for lifelong learning*），二者均旨在应对 21 世纪信息时代对教育的挑战[1]。经合组织将核心素养界定为三大类能力：一是灵活使用语言、技术等工具进行有效沟通的能力，二是同异质集体建构良好关系、解决冲突的能力，三是自主学习、反思和行动的能力。美国 21 世纪技能学习联盟认为，21 世纪最需要学习的是四种能力：一是批判性思维，二是沟通能力，三是团队协作，四是创新与创造。2016 年 9 月，我国学生发展核心素养总体框架正式发布。它以培养"全面发展的人"为核心，从文化基础、自主发展、社会参与三个方面，凝练出人文底蕴、科学精神、学会学习、健康生活、责任担当、实践创新六大素养。我国核心素养总体框架的发布，标志着我国基础教育已迈入核心素养的新时代，核心素养开始进入课程，走进中小学，并为人才的培养指明了方向。

第二节　设计思维促进学生核心素养发展

素养渗透于人的整个心灵，涵盖了人的全部精神世界。它的形成是多种复杂因素相互作用的结果。从教育的角度讲，我们必

---

[1]　张华.论核心素养的内涵［J］.全球教育展望，2016，45（04）：10-24.

须凸显素养中最重要的组成部分，即核心素养，它是个人终身发展和可持续发展的基础。核心素养并不是给学生一组模型数据，要求学生参照此数据成长成特定的身高、体重；核心素养是一个高点，学生需要借助于一个个台阶才能到达，台阶有多种，而设计思维就是其中之一。

一、设计思维的教育价值

设计思维为什么能够培养学生的核心素养？

首先，培养面向未来的能力就应从回应社会、经济、技术、政治等提出的新挑战、新问题出发，设计思维正是解决该问题的创新方法论。核心素养作为一种教育的终极指向，指向了学生通过课程教学最终应达到的目标，而该终极指向需靠过程指向来支持。从设计思维的过程观来看，它正是通过一个创新的过程来引导学生创造，它作为一种新的理念和路径为学生的核心素养培养提供了新路向。

其次，从设计思维的能力观来看，它所具有的特征映射出的教育理念与核心素养一致，见表 3-1。

表 3-1 核心素养与设计思维的特征比较

核 心 素 养		设 计 思 维	
维　度	特　征	维　度	特　征
素养属性	跨学科性	载体属性	依附性
	社会性		实境性

续　表

核 心 素 养		设 计 思 维	
维　度	特　征	维　度	特　征
素养属性	整合性	素养要素	可视性、合作性、需求性
	迁移性		
作　用	价值性	作　用	创造性
	多功能性		

　　根据经合组织、欧盟及国内学者对核心素养的描述，可以发现：一方面，就其属性而言，核心素养具有跨学科/领域性、社会性（强调对社会情境的洞察力）、整合性（知能和态度的集合、学科思维与高级心智能力的集合）、迁移性；另一方面，就其作用而言，核心素养具有价值性（指向终身学习、可持续发展）、多功能性（满足个人学习和生活的需求、促进个人和社会的发展）。根据国外学者及机构对设计思维特征的分析，我们发现：就设计思维的载体属性而言，它具有依附性（依附于项目）、实境性（项目主题来自真实世界），这指向了核心素养的跨学科性和社会性；就设计思维的素养要素而言，它具有可视性（观点可视化表达）、合作性、需求性（从需求出发寻找问题解决的切入点），这与核心素养的整合性、迁移性对应；就设计思维的作用而言，设计者必须始终保持乐观的心态，"及早失败"才能加快成功的到来，在设计过程中通过不断的迭代提升制品的创造性，这指向了核心素养的价值性和多功能性。[1]

---

[1]　林琳，沈书生.设计思维与学科融合的作用路径研究：基础教育中核心素养的培养方法 [J].电化教育研究，2018，39（05）：12-18.

二、设计思维促进核心素养的形成

前面，我们给设计思维下的定义为：一种基于移情和迭代的过程，创造性地探索和最终制定挑战性解决方案，为人类创造美好生活的过程和方法。设计思维在教育中的使命就是千方百计找出并实施有助于学生更愉悦、更投入、更有成效地进行创造性、个性化学习的解决方案。设计思维是一种创新的思维方式和方法论。它强调从用户的角度出发，发现问题、解决问题，并通过创新和迭代来不断完善方案。这种思维方式对于核心素养的形成具有重要的促进作用。

（一）设计思维促进创新能力的培养

设计思维强调创新思维和解决问题的能力。在核心素养中，创新能力是一项重要的能力。通过运用设计思维，学生可以学会从不同角度看待问题，发现新的解决方案，并勇于尝试和实践。这种过程有助于培养学生的创新思维和解决问题的能力，促进创新能力的形成。

（二）设计思维促进团队协作能力的培养

设计思维强调团队协作和沟通的重要性。在核心素养中，团队协作能力也是一项重要的能力。在设计思维的过程中，学生需要与他人合作，共同解决问题。这种合作过程有助于培养学生的团队协作能力、沟通能力和组织协调能力，促进团队协作能力的形成。

（三）设计思维促进批判性思维的培养

设计思维强调对问题的深入分析和批判性思考。通过运用设计思维，学生可以学会对问题进行深入思考和分析，发现问题的本质和根源。同时，他们还可以学会对不同的解决方案进行评估和比较，选择最优的方案。这种过程有助于培养学生的批判性思维和分析能力，促进批判性思维的形成。

（四）设计思维促进实践能力的培养

设计思维强调实践和在实践中的反思。通过运用设计思维，学生可以将理论知识与实践相结合，通过实际操作来解决问题。同时，他们还可以在实践中不断反思和改进方案，提高实践能力和解决问题的能力。这种过程有助于培养学生的动手能力，促进实践能力的形成。

综上所述，设计思维对于核心素养的形成具有重要的促进作用。通过培养学生的创新能力、团队协作能力、批判性思维和实践能力，可以全面提高学生的综合素质和核心竞争力。因此，在教育实践中，应该注重培养学生的设计思维能力，以促进学生核心素养的形成和发展。

三、设计思维在基础教育中的应用

在国外，设计思维在教育领域的应用研究已经较为成熟，最早主要集中在高校的工程和设计领域，随后在商业、医疗、社会科学等领域得到广泛应用。近些年，设计思维也正在被越来越多地应用于基础教育，随着世界各大名校设计思维学院的成立，越来越多的学校和组织也开始在中小学课程中使用设计思维。闻名世界的斯坦福大学设计学院也联合当地学校深入探究了设计思维在中小学课程中的应用。d. school 倡导"极致的个性化"和"将知识运用于行动"的原则，通过将"设计思维"应用于课程与学习空间设计，帮助学生掌握面向 21 世纪挑战的技能。IDEO 也联合纽约的一所私立高中开发了设计思维工具包。卡罗尔等人也对如何在中小学课堂环境中整合设计思维这一创新过程进行了探索。

在国内，也有不少将设计思维引入教学实践的案例，但多集中在高校的设计教学领域，基础教育中仅有极少机构开展设计思维培训班，在中小学教学中，设计思维的应用并不常见。近几年，已有越来越多的教育工作者开始关注设计思维对教育的作用。如赵婷婷（2013）针对在高中信息技术课程中设计思维的培养进行了深入探究，林琳（2017）用设计思维指导初中生在信息技术课上创作作品等。有学者认为，教育正处于改革的关键期，教育问题既具有重要性又具有复杂性，可以用设计思维来思考和解决。如闫寒冰（2017）提出将设计思维作为使能方法论融入创客教育教学实践中，进一步细化教学颗粒度，综合培养学生的"使能"技能。杨绪辉等人（2018）在设计思维的基础上建构了创客教育实施模式，深入探究其对创客教育活动的指导意义。陈鹏等人（2017）倡导将设计思维作为创客教育的核心指导思想和活动设计理念，并设计了基于设计思维的创客活动流程并进行了相应的实践应用。[1]

---

[1] 郑东芳. 基于设计思维的 STEM 课程设计模式构建与应用研究［D］. 华东师范大学，2019.

四、设计思维创新课堂教学和育人方式

单一学科、固定学段的传统知识学习已经不能满足当前学习者应对复杂问题所需知识与技能的需求，运用设计思维可以破除学科、学段之间的界限，通过复杂的设计挑战实现跨学科、跨学段知识的有效融合，使学习者在解决学习挑战的过程中建构自身对知识的理解。

在课堂形式方面，设计思维强调设计挑战者深入问题所在的情境，通过与情境中的人、环境、物进行深入的互动，形成该情境下的"同理心"，进而提高解决问题的能力。因此，在课堂形式方面，改变传统的脱离真实情境的"讲座式"学习，代之以深入情境的互动式学习；在学习活动方面，设计是实现设计思维的重要活动，是一种创造性的、迭代的、以实物为导向的实践活动。在教学中以设计为驱动，将有助于促进学习者深入理解所学知识，将知识与实践运用建立有效的联系，提升问题解决能力，推动创造性思维发展。[1]

在育人方式方面，设计思维具有"以人为本"的特点，强调应用深度"移情"觉察人的需求和动机。课堂教学中，教师应运用设计思维从学生的层面进行"移情"思考，关注学生的学习需求，理解不同学生的差异，认识不同学生的认知特点，并依据这一思考为学生提供具有针对性的引导和教育，促进学生个性化的发展。

---

[1] 朱龙. 设计思维：一种面向 21 世纪教育创新的实践框架 [J]. 数字教育，2020，6（01）：32-35.

第四章　设计思维常用工具汇总[1]

掌握设计思维的方法论是实现创新的良好开端。然而，仅仅理解设计思维五个阶段的流程是远远不够的，还需要了解能够使每个阶段有效落地的一些常用工具。设计思维实践者不仅需要一套得心应手的专业工具，并且还要在创作过程中根据加工对象和材料的不同选择合适的工具，只有这样才有可能创造出自己独特的创意作品。

本章主要介绍与设计思维各环节密切匹配的一些常用工具，以便帮助教师在设计思维操作实践中取得成效。

工具一　同理心地图（移情地图）

一、概述

同理心地图又称"移情地图"（见图 4-1），是 Xplaner 的创

---

[1] 该部分内容除少数几个工具为著者原创外，其他工具参考了鲁百年《创新设计思维》，王可越、税琳琳、姜浩《设计思维创新导引》，英格丽·葛斯特巴赫《设计思维的 77 种工具》等书，根据自己的教学需要改编而成。

始人戴夫·格雷发明的。设计思维问题的解决或方案的改进，不是始于原型或创意本身，而是源于用户的需求。借助同理心地图，可以清楚地了解用户的言论、想法和感受等多样信息。然后，通过同理心地图对收集到的信息进行分类加工，可以使我们更加了解处于不同生态系统中的用户的真实需求，为解决真实问题指明方向。

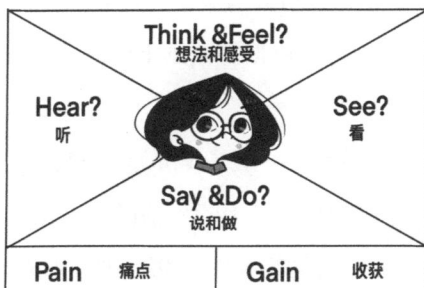

图 4-1 同理心地图

使用目的：完全站在用户角度，充分理解他们的需求、痛点，准确定义需要解决的问题。

适合场景：团队成员搜集用户信息、对信息进行分类，创建人物角色和定义问题时。

使用人员：设计思维团队成员、销售员、设计人员、经理等。

所有材料：大白纸、白墙、双头记号笔、彩笔、不同颜色的便利贴、胶带等。

参与人数：每个小组 4～6 人。

使用时长：20～30 分钟。

二、操作要点

（1）用透明胶带把大白纸固定在墙上。如果信息量大可以多拼几张大白纸，如果直接用墙面来设计同理心地图则不需要这一步。

（2）在大白纸的中间画圆圈代表用户，在里面写上姓名、职务等信息（如果是组织，可以写单位名称或部门名称）。如果想把客户画得更生动，也可以根据需要画上眼睛、嘴巴、鼻子、耳朵和头发等。

（3）将圆圈分为多份（一般是4份），分别展示出该用户感觉器官体验的各个方面。如他在思考什么？他说了什么？他感受到什么？他看到了什么？还有啥问题需要很好解决？他的收获是什么？在图上相应的框线内标注。以小组为单位，移情到所画的角色身份来描述你在同理心环节收集到的用户听到的、看到的、感受到的各方面的信息，同时用便利贴贴到大白纸相应的位置。

（4）将小组每个人分享出来的信息进行整合，找出用户真实的需求是什么，其需求的真实动机是什么，最后归纳出我们能为用户做点什么（定义出需要解决的问题）。

三、所起作用

同理心地图可以帮助我们有效地分享信息并清晰地进行分类，然后把各象限最关键的信息进行链接，可能会产生意想不到的信息组合，找到需要我们解决的真正的问题。

使用小贴士

在使用同理心地图时，组内成员要像演员一样把用户的信息都集中在这个虚拟人物的身上，并大胆地分享给组内成员（注意：用户可以是一个人，也可以是一个群体）。比如，老年人一般的特征是年龄在 70 岁以上，头发花白、行动有些迟缓、反应也有些慢……。这时我们可以把这个"老年人"定义为"低龄老人"，不管他们具体的年龄有多大，是男是女，统称为"低龄老人"。分享和交流时都用"'低龄老人'……"表述出来。

工具二 "P–A–E–I–O–U 观察法"

一、概述

"P–A–E–I–O–U 观察法"（见表4-1）是根据斯坦福大学设计学院的比尔·柏奈特、戴夫·伊万斯两位教授研发的 A–E–I–O–U 观察法改编的一个简单而实用的观察工具。为了更深入地了解用户的相关背景和信息，我们需要采访用户，并将相关事实记录下来，可以利用此工具来收集信息并进行汇总。

使用目的：深化观察细节，提升观察效果，分享团队观察信息。

适合场景：团队成员搜集用户信息时和团队分享观察信息时。

使用人员：设计思维团队成员、销售员等。

所有材料：本子、水笔、大白纸、白墙、双头记号笔、彩笔、不同颜色的便利贴、胶带等。

参与人数：每个小组 4～6 人。

使用时长：30～40 分钟。

二、操作要点

"P－A－E－I－O－U 观察法"在操作时可以把小组成员聚焦到某个人或某一时间段。团队可以分配不同的观察者，聚焦于不同的区域或范围进行观察，然后将观察的结果汇总，利用此工具完成信息的获取。

如果是个人外出观察，每个人可以在空白的本子上画出如表 4－1 所示的观察记录表。

如果是小组分享观察结果时，可以参考个人观察的方法，把表格画在大白纸上，然后"上墙"。所有小组成员聚焦到一起，每个人轮流把个人收集的信息用彩笔或记号笔写在便利贴上，贴在相应的表格中，并大声读出观察到的内容，保证同伴能够听清楚。

三、所起作用

P－A－E－I－O－U 观察法可以有效地获取特定用户的隐秘的信息，使调查更深入、更有效；这种方法有助于小组所有成员对用户的众多信息进行链接，形成综合信息，透过综合后的信息发现用户不为人知的需求。

表4-1　P-A-E-I-O-U 观察记录表

用户：_____   观察者：_____

人（People）你观察的是什么样的人？聚焦在一个或几个人身上，描述他们的特征。	活动（Actions）这个人或这些人在做什么？有效的活动是什么？	环境（Environment）观察地点的周边环境。周边环境对他（他们）的活动起什么作用？
互动（Interaction）注意观察他（他们）与身边人、事、物的互动模式有什么特别之处。	物品（Objects）注意观察你观察的人所处的环境中有哪些特别的、有意思的物品。	使用者（User）细致观察你的观察对象吃、穿、用的东西，以及他（他们）讲话的表情、肢体语言等。

注：（1）将用户和观察人的名称写在表格顶部对应的横线上。

（2）把观察的用户信息写在"人（People）"这个格子里。如，他（他们）是什么样的人？聚焦在一个或几个人身上，描述他们的特征。

（3）把观察中看到的这个人、这些人在做的事情以及有意义的（或破坏性）的活动写在对应的"活动（Actions）"栏里。

（4）把观察地点的周边环境对他（他们）的活动所起的作用写在对应的"环境（Environment）"栏里。

（5）把观察中发现的他（他们）与身边人、事、物的互动模式的特别之处，写在对应的"互动（Interaction）"栏里。

（6）把观察中发现的他（他们）所处的环境中的那些特别的、有意思的物品，写在对应的"物品（Objects）"栏里。

（7）把观察中发现的他（他们）吃、穿、用的东西，以及他（他们）讲话的表情、肢体语言等细微之处，写在对应的"使用者（User）"栏里。

工具三　5W1H 分析工具

一、概述

1932 年，美国政治学家拉斯维尔提出了"5W 分析法"，后经过人们的不断实践和总结完善，逐步形成了成熟的"5W+1H"分析工具（见图 4-2）。"5W1H 分析工具"是一种思考问题的方法，也是一种创造技法，还可以是用户访谈前梳理访谈提纲的工具，也可以是全面理解问题的工具，是在设计思维中得到广泛应用的一种分析工具。

图 4-2　"5W1H"分析工具

使用目的：用户访谈时梳理提问思路，找到事物间真正的因果关系，发现用户真正的需求。

适合场景：对团队进行访谈指导时，想发现用户自身都不知道的需求时，讨论问题想获得对该问题的全面认识时……

　　使用人员：设计思维团队访谈员、销售员、设计人员等。

　　所有材料：大白纸、白墙、双头记号笔、彩笔、不同颜色的便利贴、胶带等。

　　参与人数：人数不限。

　　使用时长：根据场景来确定。

二、操作要点

　　小组共同来确定用户访谈提纲时，具体操作如下：

　　首先，把大白纸贴在墙上（根据需要选择合适的张数）。

　　其次，根据"5W1H"指引的提问思路把想问的任何问题写在便利贴上，按照"5W1H"分类贴到大白纸相应的位置上（见图4-2）。

　　Why——为什么要做？理由是什么？（原因）

　　What——做什么？做成什么？（目标）

　　Where——在哪儿做？从哪儿入手做？（地点）

　　When——什么时候做？什么时间完成？做的适宜时机？（时间）

　　Who——谁来做？谁负责？（对象）

　　How——怎么做？如何实施？（方法）

　　最后，小组成员集体讨论，按"5W1H"方式提问，形成思路清晰、逻辑性强的访谈提纲。

　　在设计思维中把5W1H当作一种全面的分析工具时，具体的操作如下：

　　第一步，参考前述"小组共同确定用户访谈提纲时"的具体操作来实施。

第二步，面对大家提出的这些问题，经过系统分析，找出事情的来龙去脉，分析因果关系，或许会发现表象背后的真正原因或用户需求。

三、所起作用

设计思维同理心环节运用 5W1H 分析工具，可以准确界定，清晰表述问题，提高访谈效率和效果；可以较好把握事件的本质，抓住事件的主干；有助于全面思考问题，避免遗漏提问；通过不断深入探索和追问，可以发现问题的真正根源，有效帮助用户解决问题；该工具简单方便，易于理解，这也是其广受欢迎的一大因素。

工具四　SWOT 分析法

一、概述

SWOT 分析法（见图 4-3）是美国旧金山大学国际管理和行

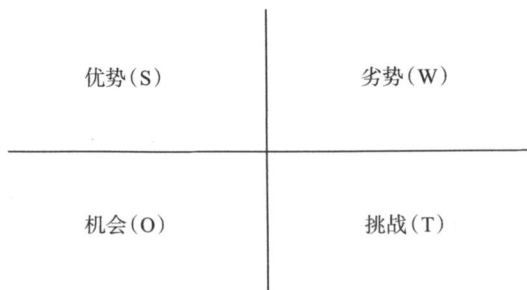

优势（S）	劣势（W）
机会（O）	挑战（T）

图 4-3　SWOT 分析图

为科学教授海茵茨·韦里克始创的。该分析方法被广泛应用于企业进行战略管理和市场营销分析。设计思维主要是借用 SWOT 分析法来分析各种创意方法的可行性，主要用在创想的后期，即创想的汇聚阶段，用来分析方案的可行性。

使用目的：论证方案落地的可行性；讨论面临的现状，发现机会，找到可行的解决方案；对内外部因素进行分析，提出实现战略目标的重要解决方案和策略。

适合场景：分析面临的困境和机会，寻找解决方案时；讨论现状，寻找发展机会时；对已有的解决方案进行落地可行性检查时。

使用人员：设计思维团队成员、营销人员、企业决策者。

所有材料：大白纸、白墙、双头记号笔、彩笔、不同颜色的便利贴、胶带、本子等。

参与人数：6～10 人为宜。

使用时长：40 分钟左右。

二、操作要点

首先，与前面的其他工具一样，用透明胶带或者大头钉把大白纸固定在墙上（根据需要添加）。

其次，在中间画上一个坐标轴，4 个象限分别表示"优势""劣势""机会"和"挑战"，这四个词分别用它们的英文首字母代替，即为"SWOT"（见图 4-3）。接下来，对这四个方面进行讨论。

（1）讨论优势。比如某企业掌握着高端的技术、人才，有很多的技术专利，在行业中处于相对垄断的地位，这便是该企业的优势。

（2）讨论劣势。比如，某老牌企业"规模庞大""管理粗放""退休员工多""公司太老"，受这些因素影响，该公司整体上效益不高，摊子铺得太大，"很难调头"等。

（3）讨论机会。比如对国家铁路集团而言，国家大力发展基础设施建设，把发展高铁当作推动国家和地区发展的重要支柱，会给相应的税收减免和财政支持，这些都是该公司面临的机会。

（4）讨论挑战。例如，航空业的竞争使高铁短期内看不到全行业盈利的前景，使高铁客流量下降，企业面临亏损。

再次，把上述分析用便利贴贴到坐标轴的 4 个象限中。

最后，通过对四个象限问题的系统分析，综合思考，找到解决问题的最佳方法，为企业决策提供重要的参考依据。在设计思维中，我们可以利用该分析法对不同的方案进行优选，从而找到有效的解决问题的方法。

三、所起作用

SWOT 分析法，对于所讨论的问题提供了非常直观的可视化的工具，有利于通过比较分析找到可行的机会，确定可行的、最优的解决方案。

工具五　思维导图法

一、概述

思维导图（见图 4-4）又叫心智导图，是世界著名的"心智文化概念"创作人、"世界记忆冠军协会"的创办人托尼·博赞（Tony Buzan）发明的。他也因发明了"思维导图"而以"大脑先生"闻名国际。思维导图是表达发散性思维的有效图形思维工具，它简单却高效，是一种实用性的思维工具。思维导图目前已广泛应用于设计、创新、记忆、学习、思维等领域。

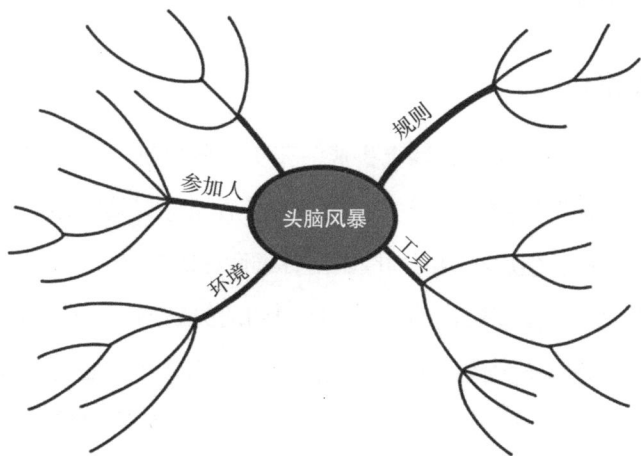

图 4-4　思维导图样例

使用目的：推进创想小组进行完全发散的头脑风暴，然后以某种关系连接起来，发现新的创意。

适合场景：针对任何场景，针对任何主题进行头脑风暴来获得毫不相干的想法和点子时；需要收集各种点子，并发现它们之间的联系和整体视图时；将孤立的信息连接起来，更详细地组织与主题相关的内容时；希望找到非常离奇的全新创意时。总之，思维导图可以应用在学习、生活、工作的任何领域当中。

使用人员：设计思维团队成员、设计人员、培训师、智慧学习者、教师等。

所有材料：大白纸、白墙、双头记号笔、彩笔、不同颜色的便利贴、胶带、电脑等。

参与人数：3～10人。

使用时长：30～60分钟。

二、操作要点

首先，用大白纸在墙上拼成一张更大的白纸，在中间标上讨论的"话题""主题"或"中心词"，然后用笔将其圈起来。比如"头脑风暴"。然后在圆圈周围画出各子话题的分支。

其次，围绕要讨论的话题，将想到的关联词（一般不超过10个字，最好写下关键词）"子话题"写到各分支上（也可写在便利贴上）。比如，与话题"头脑风暴"有关的子话题可能有"参加人""环境""规则""工具"等，写在各分支上（见图4-4）。

再次，针对每一个"子话题"，把头脑中的任意"想法"写在子话题周边，用线把这些"想法"和"子话题"连起来（也可写在便利贴上），如果"想法"之间有联系也可以用线连起来。如环境，可以想到"桌子""地点""道具""大白纸""记号笔""便利贴"……

最后，继续对"想法"进行联想，并把联想到的新想法写在相应的位置进行分类，也用线连起来，直到大家觉得足够了，一个关于某"话题"的思维导图就完成了。为了使思维导图便于记忆或更醒目，可以用彩笔画一些特别颜色的线条或圈出关键词。

三、所起作用

通过思维导图，可以将完全不相干的"想法"通过引导图示的方式联系起来，为最后获得一个话题的独特创意解决方案提供更多可能性。思维导图在设计思维的创想环节非常有用，因为设计思维认为"那个最好的方案，一定隐藏在更多的方案之中"。

使用小贴士

思维导图可以用到任何希望解决的问题上，比如一个行动计划、一个产品的研发、一个系统的思维、一个组织流程、一种学习方法。思维导图最大的优势就是系统思维。如前面我们讲到提升高铁竞争力的问题，只有从客人到达火车站开始就进行系统思维，如对查阅火车时刻表、买票、进候车室、检票乘车、行李托运、车上餐饮、车上娱乐、到站提醒、出站等多方面进行系统化的思考和改进，才能提升乘客的乘车体验。这时思维导图的优势就显现出来了。

工具六 "635" 头脑风暴法

一、概述

"635" 头脑风暴法（见图 4-5、图 4-6）也称"默写式头脑风暴法"，是德国人鲁尔巴赫根据德意志民族习惯于沉思的性格以及大家争着发言易使点子遗漏的缺点，对奥斯本的"智力激励法"进行改造而创立的。"635 头脑风暴法"与一般的头脑风暴法原则上相同，其不同点是把设想记在白纸上。

使用目的：产生更多的创造性问题解决方案。

适合场景：需要快速找到大量想法和解决方案，并且是团队一起来完成任务时；设计思维的创想环节。

使用人员：设计思维团队、设计人员、培训师等。

所有材料：大白纸、白墙、双头记号笔、彩笔、不同颜色的便利贴、胶带等。

参与人数：6 位参与者和 1 位主持人。

使用时长：20～30 分钟。

二、操作要点

6 个参与者围坐一圈（见图 4-5），每人用 5 分钟在如图 4-6 所示的纸上的 A 大格的 3 个小格中写出 3 个设想（故叫 "635 头脑风暴法"），然后按顺时针或逆时针方向传递给相邻的人完成第一轮创想。然后开始下一轮，依然是 5 分钟，参与者根

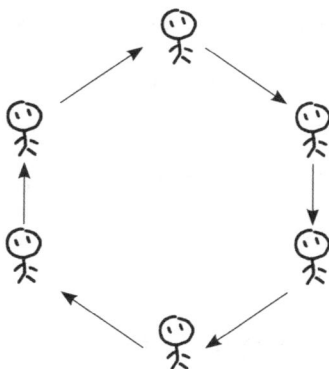

图 4-5　635 头脑风暴法座位图

A1	B1
A2	B2
A3	B3
C1	D1
C2	D2
C3	D3
E1	F1
E2	F2
E3	F3

图 4-6　635 头脑风暴法样例

注：（1）白纸分出六大块。
（2）每个大块再分成 3 个项目。
（3）第一阶段（5 分钟）要填满一
个大块（3 个项目），再进入下
一个阶段。

据自己拿到的纸在 B 大格中再写出 3 个创想，依此类推，在半小时内共可产生 108 个创想（6 人 × 3 个创想 × 6 轮）。具体操作步骤如下：

首先，6 个参与者围绕圆桌坐成一圈，每个人面前放一张 A4 纸，纸上分成 ABCDEF6 个大块，每个大块再分成 3 小块，每一轮的创想将填满每个大块中的 3 小块。

其次，主持人提出头脑风暴主题，阐明会议原则（设想没有对错，不考虑实现难度，只求数量），为确保每个人都能明白会议规则，主持人要求 6 个人每人对待解决的问题进行重新表述。

再次，开始第一轮 5 分钟创想，每个参与者在 A4 纸 A 大格的 3 个小格里写上 3 个创想；然后，每个参与者将自己手里的 A4

纸按顺时针或逆时针方向传递给邻座并开始第二轮创想；在接下来的第二个 5 分钟里，每个参与者在 A4 纸 B 大格的 3 个小格里写下 3 个创想，这 3 个创想不能是纸上已有的或者是自己之前的创想，最好是受当前 A4 纸上的 3 个创想所激发出来的新创想；依此类推，在短短半小时内共完成 6 轮创想，填满纸上的 6 大块，一共可产生 108 个创想。

最后，主持人对这 108 个创想进行整理、归纳，大家一起对这 108 个创想进行集体分析和评估，找出有创意且可行的创想方案。

三、所起作用

"635 头脑风暴法"能弥补参与者因地位、性格的差别而造成的压抑，最大限度地降低压力，释放能量；把头脑风暴流程结构化，效率显著提升；有效保证了创想的最小输出量。

不过，这一工具也有一些缺点：所有创想都只是自己看和自己想，同伴激励不够充分；对个别学生可能要求过高；自己的想法可能会受上一个人想法的束缚；保密性不够。

使用小贴士

（1）参与者不能说话，更不可以相互讨论。

（2）参与者由 6 个人组成且同时进行作业，可产生更高密度的创想。

（3）可以参考他人之前写在 A4 纸上的创想，也可加以改进。

（4）不能因参加者地位或性格上的差异而影响意见的提出。

工具七　圆点投票

一、概述

"圆点投票"（见图 4-7）是 SAP 大中国工商业创新团队首席架构师鲁百年博士在设计思考者、硅谷设计先锋之一比尔·莫格里奇（Bill Moggridge）发明的"蝴蝶测试"基础上改进而来的。

使用目的：对大量好的点子进行快速排序，使解决方案快速收缩到尽可能小的范围，通过筛选确定点子的优先级。

适合场景：当所有的点子、方案或者信息被分类以后，需要判断这些点子的优先级和顺序时。

使用人员：设计思维团队、设计人员、培训师、评估师等。

所有材料：圆点贴（一般每个类别配一张）。

参与人数：6 人左右。

使用时长：5～10 分钟。

二、操作要点

"圆点投票"是找出点子分类优先级的好方法。基本的要点就是让每位参与者在每个分类中，在自己认可或喜欢的点子上贴上小圆点，最后看哪个类别汇聚的圆点多，就把这个类别作为重点加以关注并进行更深入的讨论。具体步骤是：

首先，在墙上或大白纸上将已分类的想法用彩笔圈起来，并且标上一个分类的"标签"，在标签的上半部分写上分类的名字，在中间画一条线，然后小组中的每个人拿着一些"圆点不干胶贴"，根据自己认为的重要性或喜欢度，将"圆点"贴到自己认为最有创意或最喜欢的分类或点子上（没有喜欢的可以少贴或者不贴）（见图4-7）。

其次，统计每个类的"圆点"数，数量多的优先级排在前面。

再次，将大家公认的最重要的点子用另外一种颜色的"圆点贴"进行标注，使它凸显。

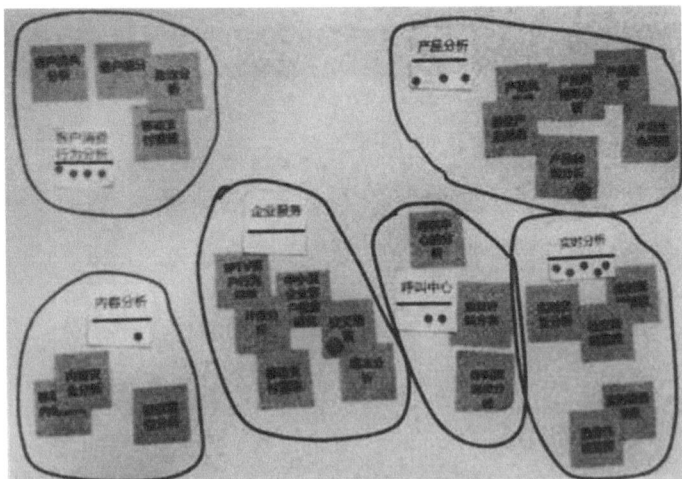

图4-7　圆点投票法示意图

最后，对"圆点"多的类进行重点讨论和分析；有的点子虽然所在的类没有被选为重点类，但大家都一致认可它的重要性，团队也可以把它列为重点加以讨论。

三、所起作用

团队在"圆点"投票的基础上进行深入讨论，对若干类点子进行快速评估，获得重要的类别或重要的点子，并且安排好它们的优先级。

> **使用小贴士**
>
> "圆点投票"法虽然很直观，操作起来气氛也很好，但由于需要贴"圆点"，有的培训师（老师）觉得有些麻烦，所以会让受训者（学生）用画"正"的方法来代替贴"圆点"，这也是不错的主意。

工具八 测试反馈表

一、概述

测试反馈表（见图4-8）用于在测试现场收集反馈信息，把搜集到的各种各样的反馈信息进行梳理和分析，是一种在测试环节非常有用的视觉化工具。

使用目的：一般在测试环节使用测试反馈表，该表可以方便系统收集测试反馈信息，为下一步的模型迭代提供帮助。

适合场景：对原型进行测试，系统收集测试反馈信息时；项目组内部交流原型改进方案时。

使用人员：设计思维团队、设计人员、销售人员、企业管理者等。

所有材料：大白纸、白墙、双头记号笔、彩笔、水笔、不同颜色的便利贴、胶带、打印好的 A4 纸的反馈模板等。

参与人数：人数不限。

使用时长：30～60 分钟。

二、操作要点

测试反馈表的设计非常简单，在大白纸上划上"+"图案，把这张纸划分为四个象限，然后把需要收集的四个方面信息列入这四个象限中，即完成测试反馈表的设计（见图 4-8）。

接下来，在分成的四个象限中分别写上"+ 喜欢——测试中

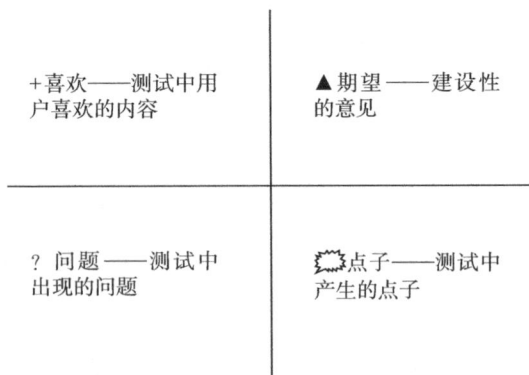

+喜欢——测试中用户喜欢的内容　　▲ 期望——建设性的意见

？ 问题——测试中出现的问题　　✿点子——测试中产生的点子

图 4-8　测试反馈表

用户喜欢的内容""▲期望——建设性的意见""? 问题——测试中出现的问题""✍点子——测试中产生的点子"。

　　然后，把测试中获得的反馈信息分类全部填入这四个象限中。

　　最后，团队对获得的大量反馈信息进行分析，根据分析确定原型的改进方案。

三、所起作用

　　通过对测试反馈信息的分析，我们发现，有时可能需要重新制作原型，有时要从重新理解你的用户、重新定义问题开始进入一个新的设计思维再循环。但无论如何，测试都是把项目推进到成功不可或缺的一步。

第五章　设计思维工作坊精要

　　"工作坊"（workshop）一词最早出现在教育与心理学的研究领域之中。20世纪60年代，美国的劳伦斯·哈普林（Lawence Harplin）将"工作坊"概念引入到都市计划之中。"工作坊"成为不同立场、族群的人们思考、探讨、相互交流的一种方式，后发展成为一种鼓励参与、创新，以及找出解决问题对策的方法。

　　工作坊目前广泛应用于成人培训或小型项目式学习中，成为一种个人自我提升的学习方式，也是各种项目化学习策划线下交流、制作和展示活动的常见模式。设计思维是典型的项目式学习活动，一般也采用工作坊这种灵活的方式进行培训或学习。本章就设计思维工作坊概述、实施准备、操作流程等进行介绍。

第一节　设计思维工作坊概述

一、工作坊概述

　　工作坊也称"参与式工作坊"，以一位在某个领域富有经验的主讲人为核心，由10～20人构成的小团体在该主讲人的指导之下，通过活动、讨论、制作、展示讲解等多种活动方式，共同探讨某个主题的培训活动或学习活动形式。

工作坊是一个多人共同参与的场域与过程，它让参与者在参与过程中相互对话沟通、共同思考、进行调查与分析、提出方案或规划，并一起讨论如何推动这个方案，甚至用实际行动完成"作品"。简单地说，工作坊就是利用一个比较轻松、有趣的互动方式，将上述这些事情串联起来，成为一个运作系统。

工作坊与传统的培训方式相比较，具有一些鲜明的特征：

首先，话题非常聚焦。工作坊探讨的话题一般涉及相关领域的前沿课题，很多伟大的思想与理论都是在工作坊中诞生的。比如，大型电视连续剧《觉醒》里面呈现的场景，李大钊等革命先驱在探索救国道路的过程中，就是采用工作坊的方式，经过不断的研究、讨论和探索，逐步认清中国革命的发展方向，最终找到共产主义这条光明大道。

其次，组织形式灵活。工作坊的时间与地点都比较灵活，活动可以在某个成员的家中举行，也可以在单位的会议室或其他的室外场所开展。

再次，成本费用低廉。有时候，一个简单的"AA制"的工作坊仅仅只需要参与者支付餐费与场地租用费即可（学校里的工作坊只要有必备的工具和材料就可以展开）。

最后，产品更个性化。工作坊里经过广泛思想碰撞制作出来的作品，一般更加个性化和定制化，散发着坊主独特的创新气质和个性味道。

二、设计思维工作坊概述

设计思维工作坊就是设计思维参与者在设计思维导师的带领下，引导参与者共同解决一个关键性问题的过程。在设计思维工作坊中，参与者以设计思考者的身份出现，大家运用设计思维的五个环节的流程，根据不同的问题，利用设计思维的通用思维工具，最终获得讨论主题的解决方案、产品、报告或原型。设计思维工作坊实践，不仅可以使大家深入理解和掌握设计思维的流程和方法论，还可以把这套理念和思想方法迁移到其他学科教学中，甚至可以成为变革学校组织的一种思维模式和解决问题的工具和方法论。

三、设计思维工作坊的目标

举办任何工作坊都有自己的目标，设计思维工作坊也不例外。设计思维工作坊的培训或学习目标，大致可以归纳为以下几种：

第一，解决问题。设计思维工作坊把不同角色的老师（学生）聚集起来，集中在一段时间里一起探索和讨论解决方案，用来解决生活中一些没有现成答案的问题，是一个不错的选择。

第二，激发创意。设计思维工作坊运用的一些思维方法和工具，有助于拓展思维、碰撞灵感、产生全新创意。

第三，学习流程。工作坊可让大家理解、熟悉和会用设计思维的流程、方法和工具，在以后的工作中甚至可以自觉运用这些方法和工具，使自己成为一个不是设计师的"设计师"。

第四，培养思维。设计思维工作坊让我们体会到，设计不仅仅是设计师的专利，而且是一种跨学科的思维，是一种解决问题的思路，可以用来改进流程、产品或服务，能服务于社会生活的各个领域，当然也可以用来解决我们当下所面临的教育问题。

第五，团队合作。设计思维工作坊中多学科教师的参与，有助于不同学科的同事彼此了解，提升团队合作能力和技巧；如果是面向学生的工作坊，则会有不同学科特长的学生参与，会增强同学间的彼此认识和了解，提升团队合作能力和技巧。

第六，转变理念。设计思维工作坊引进的许多全新的思维方法和理念，有助于大家转变习惯的左脑思维，学会一些右脑思维的方法；有助于老师改变自己传统的教育理念，助力个人专业成长；有助于学生转变思考问题的方法，转变学习方式，提高学习能力。

设计思维工作坊的目标可以有很多，但也有所侧重。比如，工作坊主要的目标是让大家体验设计思维工作坊的流程并培养设计思维，次要目标是希望大家能在参与工作坊的过程中产生一些好的创意，解决实际问题。

第二节　设计思维工作坊的建构

设计思维工作坊，就是不同类型的人组成一个团队，在一个创造性的环境中，利用一些随手可得的材料制作原型"产品"，通过测试、改进和不断的迭代，最终得到创新"产品"的过程。而建构一个令人难忘的设计思维工作坊需要做好各方面的准备。

一、"人"的准备

设计思维最重要的因素就是"人"。这个"人"包括教练、组织者和培训团队。

（一）教练和组织者

教练和组织者（社会培训机构一般这样称呼，学校仍称为"教师"）是引导设计思维工作坊顺利进行的导师和帮手，大家都要熟悉工作坊的流程和理念，这样才能保证工作坊培训的成功。

工作坊开始前需要进行教练和组织者的培训，内容一般包括：工作坊的目标、设计思维理念和流程的讲解、使用的道具、工具和材料准备、每个人的分工和职责。学校里面的设计思维工作坊课程一般是利用拓展课、研究型课程和社团课来上的，教练和组织者一般由老师来承担，由于工作量较大，老师也可以在学生中培养"小助手"，在工作坊开始之前对"小助手"进行一些通识培训。

（二）培训团队的组建

设计思维是团队合作的项目化学习，其理念是：在科技飞速发展的当下，一个人窝在角落里搞研究发明，是很难有成效的，只有一帮具有不同背景、不同经历的人在一起工作，才能碰撞出创新的火花和创新的想法。

设计思维团队中需要的"人"，最好是一个 T 型人，即所谓的"复合型人才"。如何成为一个 T 型人？一方面，要在知识上具备一定的广度和深度；另一方面，也是更重要的一个方面，要能保持一种开放的心态，向他人学习不同的知识和技能。当然，我们也许无法使团队中的每个人都成为 T 型人，但可以发挥团队中每个人的个性特长，成就 T 型团队。

二、"环境"的营造

首先，要有一个相对宽敞的场地，而且应该是成员相对熟悉的环境，并拥有一定的创意布置。也就是说，这个场地应该是一个能够让团队成员建立信任、具有创造力的开放的环境。设计思维的空间可以多种多样，最重要的是让团队感觉像家一样。比如，有放置团队工具的地方，有开会聊天的地方，有可以吵闹的地方……

其次，要有足够数量的办公设备，确保每个成员都有可以工作的桌面，且都能参与画画、记笔记或制作原型等活动。一般来说，八角或六角的桌子最适合设计思维团队的工作需求。

最后，要有一个良好的环境氛围。团队成员在设计思维工作坊中工作的时候，教练可以播放一些轻松的音乐，以营造轻松、愉快的工作环境和氛围。

三、工具和材料的准备

为了保证工作坊的顺利实施，需要准备一系列的工具和材料。

如 A4 或 A3 幅面的空白工作手册，不同颜色的纸、美工刀、彩笔、记号笔、剪刀、订书机、胶水、胶带、胶枪等工具，还需准备一些纸板箱、塑料棒、破布条等简易材料，用以制作原型。

第三节　设计思维工作坊的常规实施步骤

中学的设计思维工作坊课程不可能完全照搬本科和研究生课程模式，本书结合自己的实践，在尊重设计思维核心理念的基础上，经过不断的探索、实践和总结，形成了融合高中研究型学习理念的设计思维工作坊实施流程。该流程包括五大环节：① 提出大主题；② 确定核心问题；③ 制定研究方案；④ 原型制作及测试；⑤ 展示评价深化。不过，在正式开始这五大环节之前，还需要做两个准备：

一是对设计思维的简要介绍。让设计思维各小组同学知道什么是设计思维，了解设计思维的发展历史及其演进，熟悉设计思维的实施步骤，并通过相关案例让大家知道设计思维最后能获得的成果是什么，提升大家对设计思维知识的理解，为工作坊的实施做相应的理念准备。

二是热身游戏的开展。围绕某个待解决的主题，通过热身游戏让大家体会到某些哲理，并且起到团队建设热身的作用，调动每个人的参与积极性，使大家敢于发言，从而产生一些奇异的点子和想法，为同心协力完成工作坊活动奠定良好的氛围。

接下来，对设计思维工作坊的具体实施步骤进行介绍：

一、提出并确定大主题

创新的设计思维工作坊仍以问题为中心，围绕大主题，通过多维度问题解决来建构知识。大主题的确定是工作坊教学模式的关键环节。大主题要来源于真实世界，且是学生喜闻乐见、想迫切去解决的问题。一般来说，先由教师依据学情和校情来圈定大的主题范围，再由学生进行讨论，并结合投票的方式选出自己感兴趣的、有意义的大主题。比如，我在工作坊实践中提出的大主题有"让生活更美好！""让学校更美好！""让教学更有味道！"等。

二、确定核心问题

在选定大主题后，通过实地观察、角色扮演、互动采访或场景模拟等同理心方法，围绕主题深入了解和挖掘受众需求，小组成员运用讲故事的方法，运用移情地图和创建人物形象等工具，采用设计思维"上墙"的可视化方法，反复进行思维碰撞和整合，最终确定需要解决的那个"痛点"问题、核心问题。

三、制定研究方案

运用"思维导图""635头脑风暴"等思维工具，围绕核心问题进行思维发散，并把大量的创新想法用便利贴"上墙"，与所有成员分享，最后通过投票方式选出最佳方案。方案确定后，指导学生拟定相应的研究计划，这是对项目进行管理的有效工具。研究方案一般包括：研究的背景、研究的目的、研究的内容、研究过程的预测、人员分工、需要的外部支持和成果呈现形式等信息。

四、原型制作及测试

小组合作，齐心协力运用低成本材料，把脑海中的方案通过实做"拿"出来，制作出模型。模型或许粗糙，但只要能够说明问题，就是好的模型。然后，让学生通过真实、模拟或角色扮演等多种测试方式，来检验模型的功能及其对需求的满足程度，并根据反馈不断对模型进行修改和迭代，最终形成满意的"产品"。

五、展示评价深化

通过故事宣讲会、作品展示、答辩，阐述最终产品的功能与特色，以及制作过程中的心得与体会，达到知识探究、能力展示、思想碰撞和精神相遇的叠加效应。在作品展示评价的过程中，教师要以宽容的心态来看待学生的成长，要突出导向、激励的教育功能，不断提升学生的创意自信，培养学生的"成长型心智模式"。

第四节　设计思维工作坊的议程安排

笔者依据设计思维工作坊的常规实施步骤，结合近年的教学实践，并参考了鲁百年博士创作的《创新设计思维：设计思维方法论以及实践手册》一书中有关设计思维工作坊议程的内容，设计了比较适合中学生的设计思维工作坊的议程安排。具体来说，分为两类，一是课时较为分散时的议程安排，二是课时较为集中时的议程安排。

一、课时较为分散时的议程安排

课时较为分散时，建议用 11～12 课时完成本课程，具体安排如表 5-1 所示。

表 5-1 课时较为分散时的议程安排

课 时 内 容	课　　时
破冰游戏、设计思维发展史	1
设计思维简介	1
提出并确定大主题	1
各组围绕大主题展开调查	1
调查分享并确定核心问题	1
头脑风暴讨论并确定研究方案	2
原型制作及测试	2～3
展示评价深化	2

二、课时较为集中时的议程安排

课时较为集中时，可根据具体时长安排不同的环节和内容。如果是半天，建议如表 5-2 所示安排议程；如果是一天，建议如表5-3所示安排议程；如果是两天，建议如表5-4所示安排议程。

表5-2　半天议程

时　　间	课　　时
09：00～09：10	破冰等热身游戏
09：10～09：35	设计思维简介
09：35～10：00	集体讨论提出大主题
10：00～10：25	调查分享并确定核心问题
10：25～10：40	茶歇
10：40～11：10	头脑风暴并确定研究方案
11：10～11：40	原型制作及测试
10：40～12：00	展示评价深化

表5-3　一天议程

时　　间	课　　时
09：00～09：45	破冰游戏＋设计思维简介
09：45～10：00	设计思维案例分析
10：00～10：15	茶歇
10：15～10：45	热身游戏
10：45～11：15	集体讨论提出并确定大主题
11：15～11：40	各组围绕大主题调查分享
11：40～12：00	聚焦讨论确定核心问题

续　表

时　间	课　时
12：00～13：00	午餐
13：00～13：30	右脑游戏
13：30～14：00	头脑风暴发散研究方案
14：00～14：30	确定研究方案并制定研究计划
14：30～14：45	茶歇
14：45～15：20	原型制作
15：20～16：00	原型测试
16：00～16：40	展示评价深化
16：40～17：00	总结

表5-4　两天议程

时　间	课　时
第一天	
09：00～10：00	破冰游戏＋设计思维简介
10：00～10：30	设计思维案例分析
10：30～10：45	茶歇
10：45～11：15	热身游戏
11：15～12：00	集体讨论提出并确定大主题
12：00～13：00	午餐
13：00～14：00	各组围绕大主题调查并分享
14：00～14：30	讨论确定待解决的核心问题

时　间	课　时
14：30～14：45	茶歇
14：45～15：00	右脑游戏
15：00～15：30	头脑风暴工具及规则介绍
15：30～16：10	头脑风暴发散解决方案
16：10～16：30	点子聚焦，确定并优先解决方案
16：30～17：00	制定研究计划方案
第二天	
09：00～09：30	热身游戏
09：30～10：00	原型工具介绍
10：00～10：45	原型制作
10：45～11：00	茶歇
11：00～12：00	原型测试的方法及工具介绍
12：00～13：00	午餐
13：00～13：30	热身游戏
13：30～14：30	原型测试
14：30～14：45	茶歇
14：45～15：30	展示工具及故事讲述方法练习
15：30～16：30	展示评价深化
16：30～17：00	总结并颁发证书

通过以上设计思维工作坊的议程安排，我们可以看到，不管是半天、一天、两天，还是更长时间的设计思维工作坊，都遵循这样一个基本流程：首先是设计思维背景知识学习和设计思维基本流程的解读，如果时间允许，最好给学生展示一个设计思维工作坊的案例。接下来就是师生集体讨论设计思维工作坊的活动主题（也可以由老师给出），确定希望达到的目标。再就是小组所有成员围绕这个大主题进行广泛的调研，发现"客户"的真实需求和问题，并进行组内的交流分享，确定那个急需我们解决的关键问题并制定相应的研究方案。接着是工作坊最火热的环节之一——头脑风暴，使用相关的思维工具，激发全组同学的智慧，发散出更多的解决问题的方案，而且方案越丰富越好，点子越奇特越好。然后，利用相关的收拢思维工具，对那些奇特的点子进行聚焦，确定出更有创意且有较高可执行性的解决方案。有了方案，接下来就是用工作坊提供的工具和材料，把头脑风暴环节确定的解决方案做出来，即制作"原型"。有了原型，再拿着这个原型，找你的"客户"去进行测试，检验原型的实用性和价值性，在这个过程中，要善于接受"客户"提出的质疑，虚心采纳客户反馈的建议，用相关信息收集工具收集"客户"反馈的有效信息，为"产品"的完善和迭代提供更好的改进方向。最后，各组在收集了"客户"反馈信息的基础上进一步完善自己的"产品"，然后把相对完善的产品进行展示，并向同伴分享自己的"产品"。其间，可以采取讲故事的方式来和大家分享，也可以谈自己在此次活动中的收获或存在的不足，为本次活动做一个小结。

从整个设计思维工作坊议程中可以看到，中间穿插着许多游戏活动，这些游戏活动在设计思维中发挥着不可替代的作用。例如，"热身游戏"可以让同学们兴奋起来，敢于发言、敢于提问，既能在活跃的气氛中产生奇特的点子，又能创造性地完成自己的原型制作；"右脑游戏"可以启发团队成员带着某种理念进入相应的环节。"棉花糖"游戏可以说明"原型"制作环节的一些理念。"一棵大树"游戏喻示着团队合作的重要性。关于这些游戏的具体操作，我们将在下一节中进行说明。

第五节　设计思维工作坊的思维游戏[1]

设计思维工作坊的实施议程中穿插着很多游戏，本书专门搜集和整理了一些适合设计思维工作坊的游戏，供老师们在实施设计思维工作坊时选用。

一、一棵大树

（一）游戏概述

目的：动态合影拍照、团队建设热身、锻炼右脑思维。

人数：没有限制（最好 10～50 人）。

---

[1] 思维游戏这部分除几个为著者原创外，其他游戏主要参考了鲁百年的《创新设计思维》一书改编而成。

时间：10～20 分钟。

道具：不需要（但空间要足够站下所有人）。

何时做：工作坊开始时用以团队热身；下午工作坊开始前，用来调动大家的积极性，解除中午的困乏。

（二）游戏方法

所有的人都站起来，站成一排，面向讲台方向。

大家选出一位高大强壮的同学站在最前面，快速走到场地中央，用话筒大声说"我是一棵大树"，然后把话筒传给下一位后，自己比画出大树的形状。

紧接着，后面的同学接过话筒，快速走到"大树"旁边，做出任何与"大树"某部分有关的手势，并大声讲出自己比画的东西，比如"我是树上的一片叶子"。

接下来，以此类推，直到最后一位讲完，这时可以让大家保持住姿势，拍一张"奇特"合影。

（三）游戏价值

这个游戏能够活跃气氛、增进情感，使原本有些陌生的团队成员彼此熟悉，打破紧张感。对于团队来说，有利于增进团队的凝聚力，让大家感受到一棵大树离不开团队的任何一个部分；另外，这个游戏还能转移注意力、振奋精神，瞬间缓解困乏和疲劳，增强思维活跃度。

二、比"人"手势

（一）游戏概述

目的：启发团队成员的"同理心、换位思考、移情他人"。

人数：不限，每两个人一个小组（如果出现单人可以与老师组成一组）。

时间：1～2分钟。

道具：不需要。

何时做：进入到同理心环节，进入换位思考和移情他人的时候。

（二）游戏方法

每个人用两只手比画出一个"人"字给对面的人看，并且说"你看，我比画了一个'人'字"。要求让对方瞬间看到你比画的是"人"，而不是"人"。这个游戏很简单，但相信会有许多同学比画错，给别人看到的是"人"而不是"人"。

（三）游戏价值

这个游戏能够启发团队成员，让他们对设计思维的同理心有更加直观的体验和更加深刻的认识。设计思维的同理心就是要时刻站在别人的立场去换位思考，而不是单凭自我感觉的"想当然"。

三、故事接龙

（一）游戏概述

目的：锻炼右脑思维，头脑风暴热身。

人数：没有限制（最好每个小组不超过 10 人）。

时间：10 分钟。

道具：不需要。

何时做：头脑风暴前，也可以仅仅在活跃气氛时使用。

（二）游戏方法

每个小组围成一圈，从某个人开始，讲一个故事作为开头，然后其左边（或右边）的人"接龙"把故事延续下去。要求：在讲之前一定要赞成上一个人的故事，说句"对的对的"。故事要尽量有创意，争取把下一位讲故事的人难住。如此一个接一个地讲下去，直到老师宣布游戏结束。比如，前一位讲"我们高一（2）班期末考试取得了年级组总分第一名的好成绩"，接下来的人必须说："是的是的，我觉得……"。

（三）游戏价值

这个游戏可以用来活跃气氛，也可以训练团队的右脑思维，体会到头脑风暴的技巧——"借'题'发挥"。

四、绘画接龙

（一）游戏概述

目的：锻炼右脑思维，头脑风暴热身。

人数：没有限制（最好每个小组不超过 10 人）。

时间：10 分钟。

道具：每组一张大白纸（也可用 A4 纸代替），每人一支小双头记号笔（普通水笔也行）。

何时做：头脑风暴前、头脑风暴中在别人点子启发下希望获得更多、更好点子的时候。

（二）游戏方法

每个小组围成一圈，不许说话，从某个人开始，在大白纸上画上一笔，然后其左边（或右边）的人接着在前面同学的画上再加一笔。以此类推，等时间到了，看看大家画的是什么。

（三）游戏价值

这个游戏可以训练团队的右脑思维，也可以把头脑风暴的技巧——"借'题'发挥"发挥到极致，产生更多有创意的点子。

五、"做"和"说"的多种变化

（一）游戏概述

目的：锻炼右脑思维，头脑风暴热身，使得头脑风暴前的气氛活跃一些。

人数：没有限制（最好每个小组不超过 10 人）。

时间：10 分钟。

道具：不需要。

何时做：头脑风暴前，即在头脑风暴前活跃气氛时，起到启发头脑风暴时逆向思维的作用。

（二）游戏方法

游戏规则是：每个小组成员都站起来，手拉手站成一个圈，听教练的指令，并说话和做动作，如果有人做错了或者说错了，就要离开队伍，剩余的人再继续玩下去。具体步骤是：

第一轮，要求大家说的和做的一样。比如教练说"向前"，大家必须喊"向前"，并向前跳一步。

第二轮，要求大家说的一样，但做的不一样。比如教练说"向前"，大家就需要喊"向前"，同时"向后"跳一步。

第三轮，要求大家说的不一样，但做的一样。比如教练说"向前"，大家就需要喊"向后"，同时"向前"跳一步。

第四轮，要求大家说的和做的都不一样。比如教练说"向前"，大家就需要喊"向后"，同时"向后"跳一步。

（三）游戏价值

这个游戏可以用来增强趣味性，从而活跃气氛；也可以训练团队的右脑思维，在头脑风暴前用来激活脑细胞；甚至可以用来启发学生以逆向思维去发散"金点子"。

六、三十个圈的创意

（一）游戏概述

目的：锻炼右脑思维，头脑风暴热身，也可在头脑风暴前活跃气氛。

人数：没有限制（最好每个小组不超过 10 人）。

时间：10 分钟。

道具：打满 30 个大圆圈的 A4 纸（每人／每组一张），双头记号笔或普通水笔（每人一支或每组多支）。

何时做：头脑风暴前，即在头脑风暴前活跃气氛时。

（二）游戏方法

每人或每组在圆圈中画出各种不同的东西，要求是：画的东西类别不能重复或相似；看哪个组画出的东西多，看哪个组画的东西更有创意。最后，大家可以共同欣赏完成后的作品。图 5-1 即为某次活动中完成的游戏作品。

（三）游戏价值

这个游戏放在头脑风暴前作为热身非常好，可以锻炼学生的右脑思维，激发学生的想象力，还可以起到活跃气氛的作用，另外还能启发游戏参与者在头脑风暴中运用联想思维。

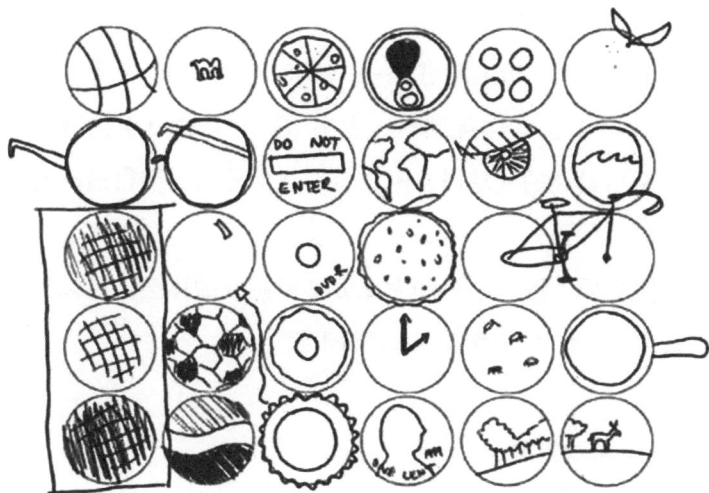

图 5-1　三十个圈的创意

七、搭气球塔

（一）游戏概述

目的：团队协作精神，为原型设计热身，也可用于活跃团队氛围。

道具：每组一个打气筒，30～50 个气球，一卷线绳，一卷小胶带。

人数：每组 5～10 人。

时间：15～25 分钟。

何时做：在午饭过后、工作坊活动开始之前做，或者是原型制作之前做。

（二）游戏方法

每个小组利用给定的道具——打气筒（1个）、气球（30～50个）、线绳（1卷）、小胶带（1卷），在15分钟内用充满气的气球搭一个尽量高的气球塔，不许借助任何外力，搭得最高的小组获胜。

做完之后，每个小组和大家分享做游戏的体会。可以选择一个代表汇报，也可以团队一起进行汇报。

（三）游戏价值

这个游戏有助于培养团队的协作能力，培养学生的动手能力和搭建技能，培养在动手实践中思考问题的能力。

第六章 设计思维工作坊的课程设计及教学
实施案例[1]

如果说本书第一、二、三章是设计思维学习的"说明书",那么第四章"设计思维常用工具汇总"就是设计思维学习的"工具箱",而第五章"设计思维工作坊精要"就是设计思维学习的"路线图"。有了说明书、工具箱和路线图,设计思维在常态教学中的运用和实施就差一本"操作手册"了。本章就把笔者的设计思维工作坊课程与具体教学实践操作的案例介绍给大家,大家可以以此为参考,开展设计思维工作坊课程设计及相应的教学活动。

第一节 设计思维工作坊课程设计与开发

进入 21 世纪以来,设计思维逐步走进教育领域,涵盖了从基础教育到高等教育再到继续教育、终身教育的各级别教育系统,已经形成了自身的文化、方法和应用体系。

---

[1] 该部分依据设计思维原理,参考了夏雪梅的《项目化学习设计:学习素养视角下的国际与本土实践》及格兰特·威金斯、杰伊·麦克泰格的《追求理解的教学设计》等书的理念,结合自己的教学实践完成。

笔者从 2017 年 8 月接触设计思维以来，通过学习和实践逐渐认识到：在学校教育中，设计思维可以通过各种各样的形式开展和发挥作用。具体来说主要有以下几种形式：帮助学校管理人员解决制度性问题；帮助教育者开发创意课程；改变现有的课堂教学生态；培养学生的设计思维。经过三年多的学习和探索，逐步形成了基于学生核心素养培育和课程教学变革需求的"融合设计思维理念的高中研究型课程创新设计"的系列工作坊课程，且课程越来越成熟。下面对该课程的具体情况进行介绍。

一、课程基本情况

课程名称：融合设计思维理念的高中研究型课程创新设计。

适用年级：高中学段。

课时：总课时为 16 课时。

课程类型：校本特色课程。

课程简介：2006 年起，上海市中小学把研究型课程作为国家必修课程在基础教育各学段全面推开，其基本定位是："关注学生兴趣，培养创新精神和实践能力。"近年来，一线教师越发感受到这门对培养学生核心素养有显著作用的课程却出现了崔允漷教授所忧虑的"高位"认识与"低位"实践的落差，陷入了"叫好不叫座"的怪圈。专家们给出的一致解决方案是：教师必须改变传统的教学方式，不断更新知识，探索能激发学生探究欲望的新的教学方法。可见，教育的现代化需要理念先进的课程引领，而课程的实施更需要先进的理念和方法来撬动。近年来，受到全球教育界学者广泛关注的设计思维逐步走进我国的基础教育，在这一背景下，笔者进行了"融合设计思维理念的高中研究型课程创新设计与实践"的创造性探索，成为把设计思维理论应用于教学实践的较为成功的案例，凸显了培养学生核心素养、改变课堂教学生态的多方面价值，体现出了强大生命力。该课程已于2017年9月开发并实施，目前已实施到第七轮。

二、课程背景分析

（一）课程目的

近年来，"核心素养"已成为教育教学改革中最受关注的高频词。"3+3新高考"综合评价在逐步打破完全以分数论输赢的升学模式。努力改变自己的课堂，不断地进行尝试和探索，使自己的课堂与学生"核心素养"的培育与新高考的期待接轨，就成了许多老师的自觉追求。笔者也自然地成为在探索中不断前行的一员。

（二）课程意义

首先，"以人为本"的价值理念得以回归。设计思维全程秉持"以人为本"的理念。

其次，"以学习为中心"的有效学习得以发生。设计思维强大的课程支架系统使"基于情境、问题导向的互动式、启发式、探究式、体验式课堂教学"得以发生。

再次，"项目化"的跨学科深度学习得以实现。头脑风暴带来深度的思维碰撞，制作原型使动手思考成为现实，促进学生高阶思维的实现，体现了典型的项目化学习特质。

最后，"尊重个性"关照了学生的个性化成长。设计思维"合而不同"的组队理念，充分尊重学生的个性发展，也极大调动了学生学习的积极性。

（三）课程基础

本校该课程已经实施六轮，并在全区层面进行了五轮教师培训，现已基本成熟。

（四）实施条件

一间比较空旷、经过简单创意设计并装修的教室，一些简单的材料和工具。

三、课程目标

（一）总目标

课程主要是通过以问题导向的项目驱动学习方式，培养学生解决复杂问题的能力，特别是培养学生的设计感、故事力、共情力、交响力、娱乐力，让学生体会到学习的意义感，发展学生的创新思维，培养学生的创新能力，提升学生发展的核心素养。

（二）具体目标

首先，提升学生的共情力。同学们在教师的指导下，充分发掘自己的同理心，提升自己的共情力。

其次，培养学生的创新思维素养。通过头脑风暴，培养发散思维能力和整合思维能力。

再次，培养学生的设计感和工程素养。通过原型制作和实践，培养动手思考的实践能力，提升同学们的设计能力、技术与工程素养、创新思维和产品开发能力等。

最后，培养学生的表达能力和讲故事的能力。通过原型测试和展示环节，培养学生的语言表达能力和讲故事的故事力。

以上目标可以概括为一句话：助力学生核心素养的提升！

四、学习内容

（一）设计思维课程

1. 设计思维发展的历史

传统的设计思维使用的是逻辑推理、业务分析、找到瓶颈、解决问题的线性思维模式，属于现状和问题导向的左脑思维模式，具有较强的专业性，因此只是少数"能人"的专利。

20世纪80年代，哈佛设计学院院长彼得·罗首次使用了现代化的设计思维。1991年，大卫·凯利创办了著名的设计咨询公司——IDEO公司，把设计思维商业化，并广泛运用到设计实践中。2005年，凯利在斯坦福大学设计学院成立了"斯坦福大学哈索·普兰特纳设计研究院"（简称 d. school），开始推广设计思维。今天，设计思维已被广泛应用于生活的各个领域，成为创新者们共同的语言。在许多国家，设计思维正逐渐成为一种教与学的有效策略框架，在教育教学领域得到较为广泛的应用。

设计思维具有十分丰富的内涵。IDEO 现任首席执行官布朗认为，设计思维是一种以人为本，从设计师的方法和工具中汲取灵感，整合人的需求、技术的可能性以及实现商业成功所需的条件来解决问题的方法。凯利认为，作为一种思维方式，设计思维为人们提供了一个提出观点的过程与方法，这些观点也可用以解决现实中的复杂问题或对复杂项目提出新的创意。国内学者对各种观点进行了整合分析，将设计思维定义分为方法观、过程观和能力观三个维度。台湾学者把设计思维拓展到社会生活领域，概括出设计思维的三大核心理念：以人为本、拥抱创意和动手思考。总之，设计思维是基于移情和迭代，利用以人为本的思维方式，创造性地探索问题，最终制定挑战性解决方案的一套理论体系。

2. 设计思维的一般流程——EDIPT 模型

本课程所采用的是 d. school 开发的 EDIPT 模型（见图 6-1），它是全球运用最广泛的设计思维模型，也比较适合于教学。

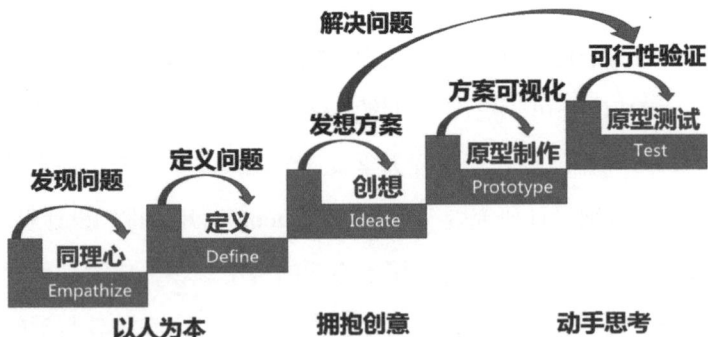

图 6-1　设计思维的一般流程（EDIPT 模型）

EDIPT 模型包含同理心（empathize）、定义（define）、创想（ideate）、原型（prototype）、测试（test）五个阶段。这五个阶段的活动内容及方法工具如表 6-1 所示。

表 6-1　EDIPT 模型各阶段活动内容及方法工具

阶段	活 动 内 容	方 法 工 具
同理心（移情）	同理心是设计思维的核心环节，也是整个设计思维贯彻始终的理念。该阶段的核心要义就是以用户为中心，进行换位思考，深入细致地了解客户的真实需求，从客户的真实需求出发，开展接下来的产品设计	● 通过观察、访谈或沉浸式体验等来挖掘需求。 ● 可运用 "A-E-I-O-U" 观察法和 "5W1H" 访谈法等。
定义	需求考察完毕后，需要团队全体成员多角度、全方位理解客户的需求，最好办法是所有成员把信息清晰地呈现出来，认真分析、评估，最后聚焦到真正具有可操作性的问题上	● 通过讲故事、创建人物角色来定义关键问题 ● 可运用 "移情地图" 和 "人物角色图" 等
创想	围绕定义后的 "痛点" 问题，运用各种方法，发散出尽可能多的解决方案；最后通过聚合思维从 "创造多种选择" 过渡到 "做出关键决定"，确定解决问题的方案	● 主要运用 "头脑风暴" ● 遵循 "头脑风暴" 规则 ● 可运用 "思维导图" "蝴蝶测试" 等工具
原型	利用身边可用的各种材料，做出一个粗糙的、简单的、原始的带有特定功能的实体模型，或是流程、服务、互动、娱乐模式、交流与合作的方式等，这是一个 "用手来思考" 的过程	● 可用 "3D 建模" 及常用材料（如纸板、乐高等） ● 3D 建模软件、打印设备及常用工具等

阶段	活 动 内 容	方 法 工 具
测试	将制作的原型通过各种方式给客户进行测试，并让客户提出各种改进的建议，在反馈的基础上进行更深入的反复迭代和测试，直至获得满意的产品	● 可采用真实生活场景、模拟场景和角色体验等多种测试方法。 ● "反馈表"可用来收集测试中客户反馈的信息

3. 设计思维的一般特征

一是普适性。设计思维主张"像设计师那样去思考"，而不是"做一名设计师"，设计思维与学科整合可以成为一种创新的教学方式；与相关技术结合，可以促进创新，有效解决社会非良构问题；如果把设计理念应用于日常生活中，则可以使我们具有更加积极的人生态度，帮助我们实现梦想。由此可见，设计思维人人可以拥有，也值得拥有。

二是人本化。设计思维强调从人的根本需求出发，关注运用移情等心智能力，通过与真实情境的真实互动，来全方位了解客户的需求，寻找能够最大化满足利益相关方需求的创新解决方案，全程体现"以人为本"的理念。

三是合作性。设计思维提倡组建跨学科的开放团队，充分认识到团队成员跨学科、跨领域的合作是解决问题的不二选择，更是实现创新的基础。IDEO说："作为一个整体，我们比任何个体都聪明。"

四是项目化。设计思维定义的关键问题均来源于客户的真实需求，用项目化小组的方式进行学习；对情境中的真实挑战进行探索，运用各种工具和资源来实现问题的解决，这完全符合项目式学习属性。

五是可视化。设计思维把视觉思维发挥到了极致。设计思维在各个环节中均强调团队成员用图、表、模型等可视化的方式来表现自己的创意或主张，"上墙"成为可视化的主要方式，小小的便利贴成了辅助思维的创新利器。

六是工具性。设计思维不仅本身具有工具属性，设计过程中也要用到各种物理工具，而且设计思维在项目实施过程中还特别注意各种思维工具在深度理解需求、启发思维、推动新创意产生和测试反馈中的作用，因而，设计思维是以思维工具为"支架"来推进的创新活动。

七是迭代性。设计思维鼓励低成本试错。IDEO 说："失败得越早，成功就越快来临。"设计思维特别强调通过粗糙、快速的模型迭代去启发思考和创新，通过不断的试错和改进，在实践中完善方案和产品，实现持续性的创新。

4. 设计思维的价值

"把学习带到现实中，让孩子用自己的力量创造改变，可以直接提升他们的幸福感和竞争力。"这是"全球孩童创意行动"的发起人凯兰·塞西在 TED 演讲中所说的一句话，这个行动旨在引导中小学生主动寻找现实问题，并创造性地解决它。这种能力对于今天的学生来说，可谓至关重要。世界经济论坛发布的《2020 年未来就业报告》认为，"解决复杂问题"是未来人才市场最看重的十项技能之一。而设计思维就是一种解决复杂问题非常有效的方法。

设计思维可以让人们从不同的角度去看这个世界，用过去不知道的方法来思考问题，帮助我们解决人际关系、人生规划以及学业、工作问题。

一句话："设计思维可以改变一切！"

（二）研究型课程

高中研究型课程是在教师指导下，学生自主地运用研究性学习方式，获得和应用知识，发现和提出问题，探究和解决问题的学习活动。研究型课程以关注学生兴趣，面向真实生活世界，基于问题解决，优化学习方式，培养创新精神和实践能力为旨归。

研究型课程实施流程如图 6-2 所示。

图 6-2　研究型课程实施流程

高中研究型课程的课题来源于学生的真实生活，学生可以从"个人、自然界、社会生活及学科知识联系"等多方面发现和提出问题，并从问题中提炼出有研究价值且具有可操作性的课题。学生可以自主组建研究小组，在老师的指导下运用观察法、调查法、测量法、实验法、文献研究法等多种方法自主开展探究和实践。

学生的研究成果也可以用图画、照片、实物、音频、视频、文学作品、节目、口头报告、书面报告和论文等多种形式来展示；通过展示和交流，体验探究的获得感，深化对问题的认识和理解。研究型课程主要从学习态度、科学态度、科学精神、合作精神、交流能力、研究和解决问题等方面进行多元评价，更注重过程性评价等。

（三）设计思维与高中研究型课程的融合

1. 设计思维与高中研究型课程的异同

把设计思维中的 EDIPT 模型与高中研究型课程流程进行对比可以看出，两者虽存在差异，但理念相通，存在许多密切关联的融合点（见表 6-2），有无缝融合的现实可行性。

表 6-2 设计思维 EDIPT 模型与高中研究型课程的内在联系

		研究型课程	EDIPT 模型
区别点	背景不同	为改变脱离生活和过于偏重于知识传授的教学倾向而设立	为解决商业领域持续创新而发起，教育领域逐步跟进
	理念不同	以学生素养和能力提升为本，面向全体学生	以满足人的深层次需求为本
	产生目的	优化学习方式，培养学生的创新精神和实践能力	满足企业、组织中的创新需求，解决社会生产和人们生活中的复杂难题
	内容来源	个人生活、大自然、社会生活、学科学习等	社会中存在且没有很好解决的非良构问题

		研究型课程	EDIPT 模型
区别点	工具应用	支持学生学习的支架较少	支持学习的支架非常多
	评价关注	关注研究过程和方法，结果不是最重要的，评价关注过程导向	过程和结果均注重可视化呈现，评价更关注结果导向
相同点		● 理论基础均为"建构主义""在做中学""合作学习理论"等 ● 均凸显"以人为本"的价值追求 ● 课题均强调直面真实的生活世界，通过项目的方式来实施 ● 均提倡运用探究学习、合作学习的学习方式 ● 研究方法和成果表达形式均提倡多元化 ● 教师的角色定位均为活动的组织者和指导者 ● 学习过程均体现了发现和提出问题，探究和解决问题的活动程序 ● 目标均指向学生批判思维、创新思维和实践能力等核心素养培育	

2. 设计思维与研究型课程的融合路径

高中研究型课程本身就是一门跨学科融合的课程，特别强调"课程整合，充分发挥课程整体效益"，而设计思维又是一种以项目化和流程化方式推进的有效的探究方法，两者的融合水到渠成。

从 2016 年开始，经过几年的探索和实践，笔者整理出融合设计思维理念的高中研究型课程创新设计的路径，具体而言，可以从任务、方法和工具等三方面进行融合（见表6-3）。

表6-3 融合设计思维理念的研究型课程创新设计路径

	任务融合	方法融合	工具融合
进入问题情境（同理心）	运用同理心，在现实生活中发现真问题和关键问题，避免想当然	深度运用观察、体验、访谈等方法，深度了解社会各利益群体需求	"A-E-I-O-U"观察法、移情地图、"5W1H"访谈法等
发现和提出问题（定义）	深度参与发现问题，精确定义问题，将大量信息与关键学习挑战建立联系	运用故事会、头脑风暴、信息可视化、快速联想等	移情地图、思维导图和人物角色图等。
探究（创想）	聚焦挑战性问题，发散思维，集思广益，寻求创建最优解决方案	头脑风暴、强制联想、点子可视化等	思维导图、蝴蝶测试等思维工具，便利贴、大白纸等物理工具
实践（原型）	把解决方案可视化，为后期的测试迭代做好准备	实物制作，画流程图，制作简报、音视频，进行角色表演等	3D建模、3D打印设备、乐高、橡皮泥、胶水、纸板和常用工具
表达交流与反思深化（测试）	通过实物讲解、现场测试等多种方式测试并展示自己的原型作品，为"产品"迭代收集信息	讲故事、真实生活场景、模拟场景、角色体验等	反馈表

通过对上表的分析，可以看出：融入设计思维理念的高中研究型课程，通过任务融合，使活动步骤更清晰，任务更明确；通过方法融合，拓展了课程的研究方法，而且这些方法更有趣、更

有效；通过工具融合，使研究型课程有了更多的工具支撑，使探究活动更顺畅、更高效。融合后的高中研究型课程，实现了设计思维与研究型课程的优势互补、无缝连接、互相促进。

3.融入设计思维理念的高中研究型课程的实施流程

融入设计思维理念的高中研究型课程的实施流程如图6-3所示。

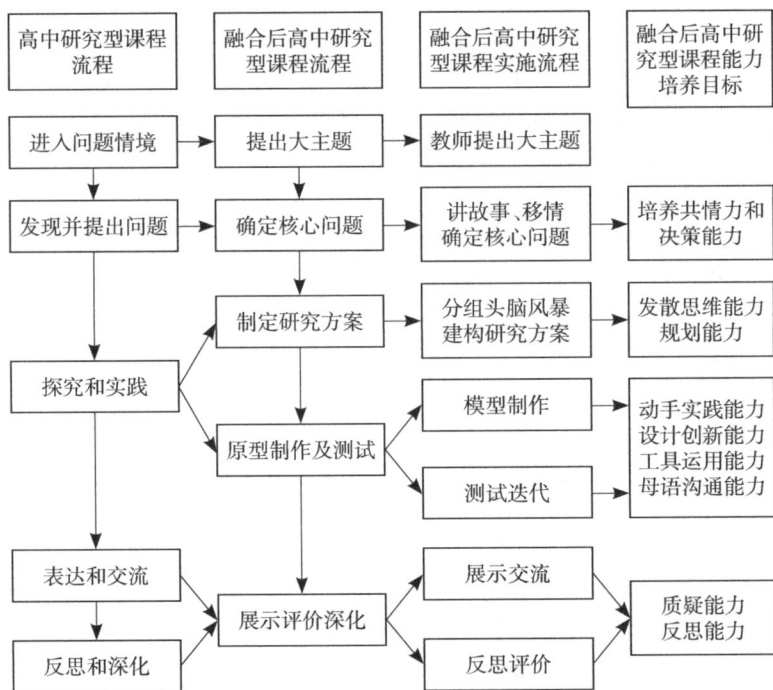

图6-3 融入设计思维理念的高中研究型课程实施流程

五、组织形式与课时安排

组织形式与课时安排如表6-4所示。

表 6-4 组织形式与课时安排

课时内容	组织形式	课时量
破冰活动＋团队建设	团队游戏、角色扮演	1
设计思维简介	讲解、师生互动	2
设计思维与研究型课程融合	讲解	1
提出大主题并进行主题解读	讲解	1
围绕大主题发现需求——同理心之"角色体验"	角色模拟教学	1
围绕大主题发现需求——同理心之"观察"	A-E-I-O-U 观察法教学	1
围绕大主题发现需求——同理心之"访谈"	角色体验、深入访谈	1
确定核心问题——定义问题	讲故事、团队分享、同理心地图	1
制定研究方案——团队头脑风暴，关键点子发想	头脑风暴、点子发想、点子聚焦、深度思考	2
探究和实践——原型制作	动手思考、快速成型	1
探究和实践——测试原型	传达愿景、快速迭代	1
展示评价深化	讲故事、情景扮演、迭代改进、反思评价	2

六、课程实施需求与教学策略

（一）课程实施需求

1. 环境需求

设计思维需要的是一个能够建立相互信任的，具有创造力的开放的空间。空间形式可以多种多样，最重要的是让学生感觉像家一样，有放置工具的地方，有可以聊天和吵闹的地方。

2. 设备需求

我们能够想得到的各种制作工具都是有用的，如剪刀、刻刀、双面胶、透明胶、直尺、小型电钻、切割机等，种类越丰富越好。

3. 团队需要

这个时代不是一个人窝在角落里搞研究发明的时代。设计思维需要一帮有不同爱好、不同个性、喜爱不同学科的学生一起碰撞，只有这样才可能产生新想法。

4. 班级规模

班级人数应该控制在 24 人左右。

（二）教学策略

把设计思维与逆向设计、项目化学习、探究式学习和问题式学习等有机融合，以项目化的方式推进课堂教学实施。

七、课程评价与成绩评定

（一）课程评价

本课程采用多元化的评价方式，让学生充分享受自评和互评的乐趣。每一个学生都是具体的、有个性的活生生的人，我们在评价活动中要尊重学生的个性，充分发挥学生的主体性，既有学生的自我评价、学生间的相互评价，也有师生之间的评价。采用过程性评价和终结性评价相结合的原则。

学生的自我评价和组内同伴之间的互相评价如表6-5所示。

表6-5　学生评价表

设计思维活动时间	年　月　日	活动地点	
小组成员		指导教师	
活动内容记录	记录人：		
自我评价	等第：		
同伴评价意见	签名：		

注：评价分四个等第：A、B、C、D（A分为A^+、A、A^-三档，B分为B^+、B、B^-三档）。

（二）成绩评定

成绩评定是指授课教师对学生学习过程及产品原型开发进行考核（见表6-6）。

表6-6　成绩评定表

设计思维主题			
设计思维小组			
评价项目	评价要点	评价标准	等第
活动过程	同理心	① 设身处地体会他人 ② 多样化的挖掘需求 ③ 观察和访谈的技巧 ④ 团队合作情况	

活动过程	定义	① 找准核心问题 ② 把问题精简地表达出来 ③ 团队交流合作情况 ④ 表述问题的故事讲述	
	头脑风暴	① 单位时间内点子的数量及疯狂程度 ② 团队合作情况 ③ 善用思维工具 ④ 筛选创意的速度和技巧	
	原型制作	① 建模的速度 ② 善用有限的材料和工具 ③ 建模中的合作情况 ④ 建模的设计能力	
	测试表现	① 测试的方式多样性 ② 展示和表演的有效性 ③ 讲故事和回应能力 ④ 测试中的团队合作	
产品原型		① 产品的创新性 ② 演讲或展示的效果 ③ "客户" 的满意度 ④ 市场反映效果 ⑤ 改进及迭代的设想	
总评			签名

注：评价分四个等第：A、B、C、D（A 分为 A$^+$、A、A$^-$ 三档，B 分为 B$^+$、B、B$^-$ 三档）。

第二节　设计思维工作坊课程教学课例

融合设计思维理念的高中研究型课程，是培养学生创造性解决问题能力，改变传统的传授式课堂教学生态的全新尝试。那么，这门课程是如何以工作坊的形式开展教学活动的呢？具体的操作流程是什么样的？本节通过一个较为成功的案例——"我的教室我做主"，来全景展示这门课的实施流程。

一、项目准备阶段（2～3课时）

（一）热身活动

如果团队成员都是来自不同班级的同学，彼此之间并不熟悉，那么，就需要适时采用一些有助于活跃团队气氛的破冰游戏来让同学们彼此了解，让团队氛围进入到非常积极和活跃的状态，这样有助于在设计思维活动中点燃兴趣、激活创新潜能、激发参与的积极性（如果团队成员都很活跃，可以免去这一步）。比较适合热身的游戏有"一棵大树""搭气球塔"等。

（二）团队建设

设计思维是团队合作项目，团队中的每一位成员都需要明确自己在团队中的角色定位，思考自己能为团队做出什么贡献。每个人都可以写下自己的兴趣、特长和技能并进行展示。团队交流的过程可以用便利贴或照片进行记录，如果空间允许可以制作成视觉化的背景墙，时刻提醒团队的每一位成员，甚至可以成为团队共同的美好回忆。

（三）创建计划

团队组建之后，就要讨论和协商项目实施的时间计划轴。时间计划轴包含团队的共同目标，截止日期和活动安排等。最好把这张时间计划轴写在大白纸上并张贴在墙上醒目的地方，或者创建电子文档分享给每个人，以便组内成员随时查阅。要求每个人都要记下自己的活动分工，以督促自己按时完成任务。

（四）设计思维简介

这是设计思维的通识培训。主要通过教师讲解或师生互动来让学生了解设计思维的历史，设计思维的定义，设计思维的操作流程，设计思维的基本特征和设计思维的应用等基本知识；另外，再组织学生回忆一下研究型课程的一些知识，让学生体会两者的结合点，对融合设计思维理念的研究型课程有一个基本认知，为后面的工作坊实践做充分的知识和理念准备。

二、项目实施阶段（14～16课时）

（一）明确并理解大主题

设计思维的一个理念是：好的主题是开放性的，没有唯一正确的答案。这里只是提供一个平台，让学生在一个具体的情境中进行探索和研究。它既不会限定学生解决某一个问题，也不会太过于宽泛，以至于学生找不到真正的问题。工作坊中，导师（设计思维中称"教练"）要引导学生思考以下几方面问题：① 你想要解决的问题是什么？你是为谁解决的？② 你对这个主题有兴趣吗？弄清楚了为什么要解决这个问题吗？③ 你这个设计是面向多数人的吗？是否有多种解决方案？

可以让学生用笔记本记录自己对主题的理解，也可以用"上墙"这种可视化方式来呈现，使大家对主题的理解更充分，这样才能保证后面进行的研究活动目标更清晰，防止跑偏。

（二）调查研究

调查研究就是通过对"目标客户"进行全方位的深入调查，来获取研究的第一手资料和信息，获取的信息越充分、越详细越好。

1. 调查准备

（1）选择调查对象。小组成员通过一起讨论来思考：哪些调查活动对自己的研究有较大帮助，能使我们获得更多的信息，产生更多的启发，并以此为依据来寻找和确定我们需要调查的对象。选择和确定调查对象时，如果调查对象很多，且关系很复杂，可以利用设计思维工具——"利益相关者地图"作为辅助。例如，"我的班级我做主"的调查对象可以初步确定为"学生""老师""领导""家长"等。调查对象确定后，就可以根据对象的不同，制定出有助于获得更多调查信息、促进更深层次交流的调查计划。调查计划的具体内容包括：调查的时间、地点、详细的活动计划和访谈提纲。

（2）制定调查计划。访谈是设计思维获得研究信息的最主要渠道，团队全体成员要精心准备访谈提纲，提升调查对象的体验感。团队成员围绕主题讨论和确定自己想要获得的信息，然后根据想获得的信息来确定访谈的对象、主题、目的和内容。访谈提纲的设计依据是：具体化地展开、发散性地推进及深入探索。访谈时可以用"你（您）希望……""你（您）害怕……""你（您）追求……"等关键词设计与主题相关的问题。尽量避免是非题（只需要用"是或否"来回答的问题）。为保证访谈的有效、有趣并深入实施，可以设计一些辅助访谈的工具，如简单的场景概要、绘制草图或制作简易画板等来帮助调查。

观察和体验也是搜集"客户"需求信息的重要方式。在观察和体验前也要制定相应的计划。如，要明确观察时间、地点、内容等，要准备一些用于体验的道具，做好防护措施，定好规则等。

（3）其他调查准备。访谈前团队要进行明确的分工，选出提问员、观察员、记录员和摄影师等。访谈的时间和地点要提前确认，现场采访所需材料和设备要准备充分。包括：调查对象的联系方式、团队成员的联系方式、访谈地点的位置信息、记录本、笔、相机、手机、便利贴等，条件允许的话最好准备一件小礼品。

2. 调查实施

整个调查活动分为三部分：同理心之"访谈"、同理心之"观察"、同理心之"体验"。

（1）同理心之"访谈"。访谈的目的是深入了解与班级有关系的"利益相关者"，如学生、任课老师、班主任等，对他们进行移情思考，使学生能够发现更多与班级有关的信息和问题，了解学生对班级的真正向往和需求。"我的班级我做主"这个主题也适合在学生中进行模拟访谈。比如，可以拿着小组想出的问题让小组同学两人一组进行一次"互换角色"的模拟访谈。这样就会使收集到的信息更丰富、更全面，同时也有助于激发学生换位思考的心理体验。为使访谈记录更清晰、有条理，可以指导学生设计如

表6-7所示的访谈记录表，该记录表可以帮助学生整理访谈内容。

表6-7　访谈记录表

组内同伴	他组同学	外班（外校）同学
甲： 乙： 丙： ……	甲： 乙： 丙： ……	甲： 乙： 丙： ……
访谈老师	**访谈家长**	**访谈专业人士**
任课老师甲： 任课老师乙： 班主任： 校长： ……	家长甲： 家长乙： 家长丙： ……	甲： 乙： 丙： ……

（2）同理心之"观察"。就是小组同学利用设计思维的P-A-E-I-O-U观察工具，对自己所在的班级和其他班级（含外校），运用同理心进行深入观察，获取有价值的研究信息。观察完成后，可以填写如表6-8所示的观察记录表。

表6-8　P-A-E-I-O-U观察记录表

用户：　　　　　　　　　　　　　观察人：

人（People）	活动（Actions）	环境（Environment）
互动（Interaction）	物品（Objects）	使用者（User）

观察可以与访谈结合起来，尤其是对身边的同学进行观察，因为场景、人物我们都非常熟悉，完全可以同时进行访谈和观察。

（3）同理心之"体验"。主要是各小组的每位同学都围绕"我的班级我做主"这个主题，运用事前准备好的"体验表"，把自己对现在班级或以往班级的各方面感受和体验写出来（也可以画出来）。还可以走出校园，在社会其他领域中寻找类似班级这样的环境，来拓宽体验的视野，以期能够发现新的问题和灵感。比如要发现班级的问题，我们可以选择校外培训机构的教室或企业培训时的会议室等场景进行体验。体验完成后，可填写如表6-9所示的"我的班级体验"记录表。

表6-9 "我的班级体验"记录表

曾经的班级	现在的班级
优点： 问题：	优点： 问题：

（三）确定核心问题

小组的同学可以把访谈、实地观察和情境体验所获得的信息在组内分享，然后对这些问题和信息进行归类整理、分析，最后发现哪个是值得我们用心去解决的"真问题"。具体的教学操作可以是这样的：

1. 故事分享

小组同学把收集到的信息、观点和发现及时地用讲故事的形式进行回顾和分享，可以彼此观点碰撞，有助于想法的链接和创生，从而发现新的想法和问题。考虑到中学生的接受水平，故事分享的时候可借鉴设计思维"上墙"的方法，具体操作可以简化（如用大白纸代替墙面）。

为了把设计思维理念很好地融入研究型课程中，学校按照设计思维理念专门装修了教室，墙面用 KT 板进行了分区设计（见图 6-4），空间充足，很适合讲故事等分享活动，尤其是需要让"故事"内容可视化呈现时更为方便。

图 6-4　设计思维专用教室的空间环境

　　同学们在组内讲故事时可以把自己发现的问题随手写在便利贴上，贴到墙上（也可用大白纸代替），各组每位同学轮流分享（见图 6-5），可以围绕这样的主线来进行：我采访的人是……？他（她）给我耳目一新的收获是……，他（她）对班级改变最大的需求是什么？目前班级面临的问题是什么？他（她）是如何与周围环境互动的？在分享的过程中，组长要组织本组同学认真交流，积极倾听，并与自己的想法进行比较，看看自己想的和他人发现的想法有啥区别，可用便利贴记下自己受到的启发和收获。

图 6-5　组内讲故事的情景

　　最后，墙上贴了很多的便利贴，一幅有启发意义的故事墙就形成了。这个环节是一个信息发散的过程，有助于形成团队的信息共享库。

2. 定义问题

（1）分类加工。小组成员分享故事后，需要对"墙上"收集到的大量信息进行分类（这里可以用"同理心地图"工具），然后团队一起按类别对信息进行深度分析，把那些既有趣又有价值的问题提炼出来。如在"我的班级我做主"这个主题下，同学们可能会发现班级存在很多问题，通过问题归类，可能会形成这样一些类别："班级教学硬件设施""老师教学问题""师生关系问题"等等。然后再对每个类别之下的信息进行分析加工，把这个类别下的最关键信息找出来，然后揭掉其他不重要的便利贴。这样最后墙上就剩下每个类别下的少量便利贴（1～3个为宜）。如，"班级教学硬件设施"的问题可能有很多，例如"课桌椅问题""教室光线问题""教学环境问题""教学设备问题"等等。

（2）描述关键问题。通过以上方式对调查信息进行分类、分析后，小组成员再把每个类别中筛选剩下的重要信息进行仔细分析和比对，最后通过小组合作，整合、提炼出班级待解决的最关键的问题，并用简短、明晰的句子表达出来。如"要改进班级的教具""要改善师生关系""要配合老师改善课堂教学""要把班级的环境卫生搞好"等等。当我们确定了这个关键问题之后，可以把这个待解决的问题用大头笔醒目地写在便利贴上，贴到墙上的显著位置。

（四）形成研究方案

这个环节就是针对上一环节定义出来的关键问题提出切实可

行的解决方案，是保证研究活动顺利进行的"路线图"，这主要通过两个环节来落地。

1. 头脑风暴

头脑风暴（见图 6-6）是一种无约束的发散思维方法，但也不是胡思乱想，只有在一定计划下，遵循一定的规则，才能充分释放头脑风暴的价值。

图 6-6　学生在头脑风暴中

（1）头脑风暴的准备。头脑风暴的准备可参考第四章的相关内容，再根据需要解决的具体问题的特点进行调整。一般来说，基本的准备大致包括：① 明确的目标。团队成员首先需要明确头脑风暴的目标（要解决的问题）是什么，并据此制定头脑风暴的极限时间，以便能在有限的时间内激发团队成员的紧迫感，从而产生大量的创意。② 充分的空间。头脑风暴应该具有充分的空间资源，这包括充分的"墙面"空间或足够大的白纸，以及一个能够让团队所有成员聚集在"墙面"或大白纸附近并能自由走动的空间。③ 足够的材料和工具。头脑风暴所需的材料和工具包括便利贴、记号笔、彩笔、纸等。

（2）头脑风暴的过程。为了使头脑风暴能够顺利而有序进行，每个团队可以选出一位组长，组长要熟练掌握头脑风暴的原则，并能够在活动中引领大家，对规则或目标进行说明，还能够在头脑风暴偏离轨道时及时纠偏。

当团队成员都对规则熟悉了之后，为了激活大家的创意自信，组长（也可以是老师）组织一个难度较低但趣味性很强的游戏作为头脑风暴的热身活动，我在课上采用的是"三十个圈的创意"小游戏，目的是调动大家的情绪，让大家在轻松而积极的氛围中激发创意。

热身过后，大家再复述一下要研究的问题，并将头脑风暴的问题写在大白纸（便利贴）上，再贴到墙上（也可用电子白板），以时时提醒大家不要偏离目标。

头脑风暴即将开始时，团队应为此次头脑风暴的点子确定一个预设的目标，以保证头脑风暴中的每位成员都有一定的紧迫感，这样才能促使每位成员把那些看似疯狂的想法抛出来。

在头脑风暴过程中，为了使大家能够产生更多有价值的点子，可以适时采用一些头脑风暴工具（思维导图法、奔驰法、635法）或技巧。

（3）点子聚焦。头脑风暴之后，对产生的大量的点子要进行一定的分类和整理，把最受大家欢迎的那个点子找出来。当组内成员对好的点子有分歧时，可能还需要用到"圆点投票"工具来把那个多数人支持的点子"选"出来。如聚焦"改进教具"的小组点子后，大家就设计了"多功能教学尺规""改善老师的课堂教学""改进师生交流方式"等问题，进一步研讨和实践。

2. 制定研究方案

主要是把头脑风暴确定下来的解决问题的方法再进一步细化，把具体的实施步骤明确下来。可能包括：需要准备哪些材料，由谁来准备这些材料，由谁来进行下一步的原型制作，原型制作要不要画蓝图，方案实施过程中可能遇到哪些困难，等等，做到"有备无患"。

（五）原型制作及测试

原型制作及测试环节就是把形成的研究方案可视化，并对"作品"进行检验的过程。

1. 原型制作

该环节的教学目的就是：鼓励学生把"头脑风暴"中收获的较为理想的解决问题的方案进行创意再现，用来满足"用户"的需求（见图6-7）。

这个环节，我一般鼓励学生尽可能用我们提供的工具和材料，这有助于锻炼学生在约束条件下创造性地利用身边材料形成创意作品的能力。

按照解决方案"制作"出的可视化作品能够表达团队解决问

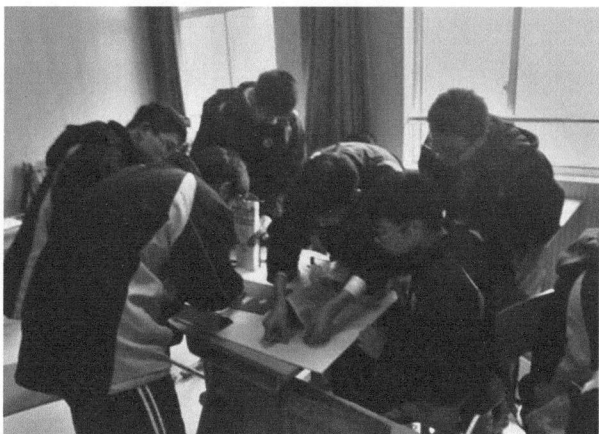

图6-7　学生在紧张的原型制作中

题的思路，这个可视化作品即为"原型"。可以这样说，"原型"就是具备解决问题的功能的原始、粗糙的模型，这个模型虽然非常简易，但设计者可以在后续的测试过程中不断进行完善，使自己的设计方案更加优化。

　　"原型制作"过程中，老师要经常提醒学生制作要快速，"原型"不在于模型是否精致，能够"恰到好处"地把我们解决问题的思路说清楚的模型，就是最好的模型。

　　"原型制作"过程中，老师还要经常提醒学生，模型可以是实物作品、服务流程、一段音频或视频、一段情景表演或 App 等多种呈现形式。如"改进教具"的原型可能是实物原型，"改进师生交流方式"的原型可能就是一段情景中的角色扮演，而"改善老师的课堂教学"的原型很可能就是一个有创意的教学流程……

2. 原型测试

这一环节的目的就是鼓励学生将原型制作阶段做出的原型，交给真实的"用户"，在真实情境中进行尝试，同时收集"用户"反馈，并根据反馈进行原型的改进和迭代。收集反馈信息时可以利用"测试反馈表"工具。

测试前，我们要根据原型的不同，考虑好测试的对象。如"教具"的测试对象是任课老师，而"改进后的教学流程"的测试对象肯定是学生。

测试其实就是让"用户"尽情地使用自己的产品，进行深度体验，然后我们对"用户"进行访谈，让"用户"把真实的体验和收获讲出来。这就要求我们在测试时要注意提问的策略。如"教具"原型，我们可以这样提问：您使用了这个教具的第一感觉如何？有哪些具体的改进建议？为了使这个教具更好用、更人性化，还可以做些什么？……

测试最重要的就是获得真实的反馈。这就需要在测试过程中让"用户"身处一种轻松的氛围中，只有在没有任何压力的状态下，"用户"才可能讲出他的真实想法和建议。

测试后要对反馈信息进行分析、整理，然后根据得到的建设性的反馈意见来修改和完善自己的原型，经过多轮迭代，最终得到"用户"满意度较高的原型成果。

（六）成果展示评价深化

设计思维课程是一种项目化学习课程，相应的就应该遵循项目学习的相关流程和要求。本环节的设计在具体的教学探索基础上，参考了夏雪梅博士的《项目化学习设计：学习素养视角下的国际与本土实践》一书中关于"公开成果"和"全程评价"的相关内容。

"成果展示评价深化"主要包括"成果展示"和"评价深化"两部分。两部分是相辅相成的：成果展示是广泛进行评价，使成果得以完善并进一步深化学习的前提条件；而评价深化是成果展示的最终目标，也是成果的价值和意义所在。

1. 成果展示

（1）成果展示的定义。成果展示是指各小组将自己经过设计思维改进后的研究实践成果进行归纳整理、总结提炼，形成的书面材料、演示文稿、实物作品、音频视频、角色扮演和口头报告材料或其他形式的成果（设计思维称"原型"），用自己喜爱的方式来展示和表达自己探究的结果和真实体会，通过交流、研讨与别人分享学习的成果（见图6-8），是该课程非常重要的环节。

（2）展示形式。成果展示可以有多种方式。如，通过班报、刊物、展览会、演讲会、产品说明会、答辩会、研讨会、节目表演等方式进行全面展示和广泛宣传。参加成果展示活动的可以是学生、老师、学校管理者、家长、相关的专业人士等，让不同的人对自己基于设计思维理念的研究活动都有感同身受的理解和体验，有助于收集更广泛的信息来不断完善和迭代自己的"作品"。

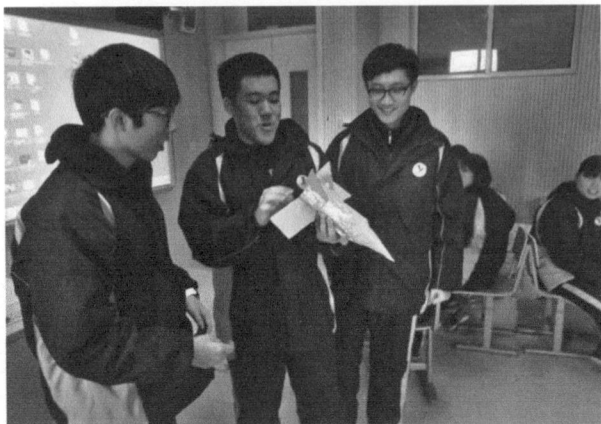

图 6-8　学生在进行成果展示

（3）展示价值。成果展示可以改进过去研究性学习不是十分重视最终成果的弊端，让参与研究活动的学生深刻感受到研究的仪式感和成就感，极大调动学生学习的积极性，提升参与研究学习的动力；学生通过展示回顾自己的研究历程，可以促进反思，深入体会同理心，使深度学习得以实现；成果展示使研究的作品有了与真实生活链接的机会，会使成果更具真实性。

2. 评价深化

设计思维作为一种项目化学习，评价深化与成果展示、汇报交流是紧密联系在一起的。展示为评价和深化项目提供了场景和情境；评价为项目的发展提供了反馈和完善的机会，能够促进项目的深度实施，可以说评价和深化才是展示的最终目的。

（1）学习评价。评价是研究型课程实施过程中的一个重要环节。本课程采用多元化的评价方式。基于设计思维理念的研究型课程评价充分发挥学生的主体性，既有学生的自我评价、学生间的相互评价，也有师生之间的评价，采用过程性评价和终结性评价相结合的原则。

（2）评价方式。基于设计思维理念的研究型课程学习，不是通过考试来进行评价，它主要运用"个人及小组同伴评价量表"和"教师评价量表"来进行。也可以辅之以成长记录袋、观察与谈话、协商与研讨、展示交流与答辩等多种方式来进行评价。评价结果的表述可以有各种方式，如语言描述、等第制表示，笔者主要采用等第制来进行评价。

（3）评价价值。在展示交流的基础上，对研究的过程进行评价，有助于促进学生反思，总结成功的经验和失败的教训，鼓励学生拓展和延伸已经研究的课题，继续深入研究，促成"产品"的迭代，以使自己的研究过程和成果更臻于完美。

"我的班级我做主"这一项目的学习，旨在鼓励学生将面对的日常环境（教室）、学习物品、学习流程、教学活动作为研究对象，构思创新性的解决方案。该项目可以使学生们在项目中完整地体验研究过程与设计思维理念融合的价值和意义，使研究型课程充满了活力，让学生对课程有了更多的向往和追求，也较好地创新了设计思维的实践流程：①"确定核心问题"。学生在结合自身经验进行了各种调查研究后，更明确了班级里存在的诸多亟待解决的问题。②"制定研究方案"。各小组通过头脑风暴产生各种各样解决问题的方案，然后通过方案聚焦、设计蓝图和简易模型来优化和筛选出最优的解决方案。③"原型及测试"。各小组确定解决方案后，通过动手制作出原型作品，并面向真实"用户"进行测试，发现更多对原型有价值的反馈，并不断迭代和完善"作品"。

由此可见，融入设计思维理念的研究型课程，在继续强调研究设计过程的同时，也很好地关注了设计思维方法的运用和体验，而不单单在于最终得到的产品。当学生们通过"评价深化"环节回顾自己的研究过程，反思自己的设计和研究经验时，能够从中体会到设计思维与研究型课程融合的神奇之处。换句话说，本课程本质上就是让学生亲身经历设计过程和获得设计经验，以此来引导学生在研究过程中进行发散思维，培育创新意识，借助设计思维与研究融合的力量，在今后的生活中能够更有效地解决真实情境中的问题。

主要参考文献

［1］ 布朗.IDEO，设计改变一切［M］.侯婷，译.沈阳：万卷出版公司，2011.

［2］ 鲁百年.创新设计思维［M］.2版.北京：清华大学出版社，2015.

［3］ 王可越，税琳琳，姜浩.设计思维创新导引［M］.北京：清华大学出版社，2017.

［4］ 夏雪梅.项目化学习设计：学习素养视角下的国际与本土实践［M］.北京：教育科学出版社，2018.

［5］ 黄菁嫄，黄稚晏，李亭仪，等.斯坦福大学改变年轻人未来的一堂课［M］.北京：同心出版社，2013.

［6］ 斯宾塞，朱利安尼.如何用设计思维创新教学［M］.王頔，董洪远，译.北京：中国青年出版社，2018.

［7］ 张凌燕.设计思维：右脑时代必备创新思考力［M］.北京：人民邮电出版社，2015.

［8］ 凯利，利特曼.创新的10个面孔［M］.刘金海，刘爽，周惟菁，译.北京：知识产权出版社，2007.

［9］ 葛斯特巴赫.设计思维的77种工具［M］.方怡青，译.北京：电子工业出版社，2020.

［10］ 税琳琳，任欣雨.神奇的设计思维游戏书：激发无限创造潜能［M］.北京：人民邮电出版社，2021.

［11］ 威金斯，麦克泰格.追求理解的教学设计［M］.闫寒冰，宋雪莲，赖平，译.上海：华东师范大学出版社，2017.

后 记

谨把这本小书献给——

那些为改变课堂教学生态而持续探索的老师们!

那些为帮助学生创新还缺乏有效方法的老师们!

那些为创新学校管理不断努力的教育管理者们!

那些追求品质生活和营造创新氛围的人们!

谨以此书献给上海市教育科学研究院普通教育研究所课程与教学改革研究室主任夏雪梅博士,感谢她在书稿修订过程中对我们的悉心指导!

谨以此书献给上海市闵行中学何永红博士,是她为我们推荐了 2016 年《上海教育》(环球教育时讯)上发表的介绍设计思维的一组文章,让我们有机会接触到设计思维,并发现了设计思维的有趣和与众不同,从而开启了设计与教学的融合探索与研究。

谨以此书献给同济大学航空航天与力学学院的金哲岩教授,是他在百忙中抽出时间为本书作序。

谨以此书献给在教育教学实践中一直引领我们成长的闵行三

中原党支部书记、特级教师花惠萍老师，她为本书做了初稿校订并提出许多修改建议。

谨以此书献给《上海航天报》原总编、研究员，上海市作家协会会员游本凤老师，他为本书做了一丝不苟的终稿校订及润色，并提出许多修改建议。

谨以此书献给上海市上虹中学孙美霞老师，她利用业余时间，为本书画了部分插图。

谨以此书献给闵行三中王全忠校长和所有参与教学实践的老师及同学们，正是闵三这片广阔而睿智的沃土，为这本小书的付梓提供了良好的实践土壤。

谨以此书献给上海交通大学出版社吴芸茜和姬雪萍两位老师，在这本小书的出版过程中，她们给予了精心指导和帮助，并提出了许多宝贵建议。

这本小书分别由上海市特级教师、闵行三中正高级教师刘辉老师撰写引言、第一章、第四章、第五章第五节和第六章；闵行区学科带头人、上海市实验学校西校的周永国老师撰写了第三章；华东师范大学第二附属中学的黄婕老师撰写了第二章；闵行区学科带头人、上海市文来中学的周晔老师撰写了第五章第一节至第四节。诸位老师的深入研究和实践，使设计思维的教学实践有了更深入的理论指导、明晰的教学目标导向和深入有效的实践方法。

这本小书的诞生，虽是我们在探索设计思维教学实践中的经验总结和辛勤付出的智慧结晶，但我们不会忘记：我们是站在巨人的肩膀上不断学习、探索并总结完成的。大卫·凯利、汤姆·凯利、蒂姆·布朗、乔纳森·利特曼、约翰·斯宾塞、鲁百年、张海霞、张凌燕、王可越、税琳琳、迈克尔·勒威克、帕特里克·林克、黄菁嫩等，一个个大师的教学理念、深邃思想和躬身实践，为我们提供了丰富的教学理论和实践养料，才成就了本书。